不一样的云南

胡洪江 著

中国画报出版社 · 北京

图书在版编目（CIP）数据

不一样的云南 / 胡洪江著. -- 北京 : 中国画报出版社, 2019.7
ISBN 978-7-5146-1736-8

Ⅰ. ①不… Ⅱ. ①胡… Ⅲ. ①旅游指南—云南 Ⅳ. ①K928.974

中国版本图书馆CIP数据核字(2019)第069598号

不一样的云南
胡洪江　著

出 版 人：于九涛
责任编辑：郭翠青
责任印制：焦　洋

出版发行：中国画报出版社
地　　址：中国北京市海淀区车公庄西路33号　邮编：100048
发 行 部：010-68469781　010-68414683（传真）
总编室兼传真：010-88417359　版权部：010-88417359

开　　本：16开（710mm×1000mm）
印　　张：16
字　　数：214千字
版　　次：2019年7月第1版　　2019年7月第1次印刷
印　　刷：大厂回族自治县德诚印务有限公司
书　　号：ISBN 978-7-5146-1736-8
定　　价：48.00元

序：不一样的风景，是因为你

最初我期盼的是，当你翻开这本书时，一个不一样的云南就在你眼前徐徐展开。

那是2008年，整整10年前，我刚踏上云南的土地。跟所有向往彩云之南的朋友一样，大理的苍山洱海古城，丽江的雪山小桥流水，香格里拉的草甸花海湖泊，西双版纳的野象雨林傣味……一下就将我牢牢地吸引住了。

因为工作的关系，常常东奔西跑，我很快便发现，云南的海拔落差之巨大、自然人文景观之独特、动植物资源之丰饶、民族民俗文化之瑰丽，其实都超乎我的想象。如果不是长时间深入其中，很难有深切的体悟。

于是，我便渐渐萌发了想要记录一个“不一样的云南”的念头。

本以为5年多的素材积累，已足够支撑一本书，可我真正下笔时又有些茫然——云南，到底哪里不一样？花鸟鱼虫、古村古镇、雪峰清溪、民族风情……似乎都并非云南独有。

云南，到底哪里不一样？

我想起那年在怒江的大山里碰到的一个白族老大爷。我们坐在屋檐下，听他用方言讲起这些年山里生活的变化。高天流云，怒江水就在屋外不远处的山脚下日夜奔涌。我起身告辞时，他拉着我的手，留我吃晚饭。我这才注意到，宽敞整洁的小院里已经架起一口大铁锅，混合着白族、傈僳族、怒族风味的美食已经飘出香味。时隔多年，我依然清晰地记得他望向我的眼神，那么热情、诚恳而又纯粹。

我想起在乌蒙山区，那年大旱，我跟着村民们到山下去背水。山路蜿蜒、逼仄而又陡峭，一边是山坡，一边是悬崖，对于不熟悉地形的我而言，并不容易走。记不清是哪个瞬间，突然发现一个村民大哥默默地从后面走到了我的外侧。他说：“我怕你踩滑摔跤。”我赶紧把他拉得靠近我一些。我们就这样互相关照着走下山。那一天我看到的乌蒙山格外壮美，而当地人的善良、淳朴、坚韧和乐观更让我难忘。

我想起那个被我们唤作“玉姐”的阿姨，我在云南的时候常去她家蹭饭。她本是大理人，因为家里孩子多，早年被过继到西双版纳，年少时还曾去东南亚闯荡。大理的村子里，有个小伙子一直喜欢她。即使后来玉姐结婚生女，小伙子依然选择不娶。30 年过去了，当年的小伙子已是两鬓生出白发的大叔。后来，玉姐家里发生变故，大叔日夜陪伴，不离左右。时至今日，每年雨季，玉姐都会给我快递她和大叔上山采摘的野生菌。她说：“等你下次来，带你回西双版纳的寨子看一看。”

我想起开盲人按摩店的张大哥。他的家就在滇池边，他家种了好多玫瑰。有一天，他说要带我去滇池。我心想，那有什么稀罕？他借着微弱的一点光，带我穿过一条杂草丛生的小径，我从未见过的广阔无边的烟波立刻铺展在眼前。他说，那是他从小玩到大的滇池，跟别处都不一样。那天，他把一个喜欢旅游的盲人朋友介绍给我认识。我有些好奇，便问他们，看不见，旅游的意义在哪儿呢？他们说，就是吹不一样的风，听不一样的音，闻不一样的香。

我想起有一年陪我哥和嫂子四处游荡。我们从昆明出发，先去了禄丰的世界恐龙谷，又到楚雄的彝人古镇吃过午饭，傍晚赶到大理，在洱海边古色古香的院子里打扑克牌，花香阵阵，微风正好。几天后，我们返回昆明，然后又前往西双版纳，大哥在旅途中得知家人生病的消息，游兴全无，只想着要赶紧订机票回家。

我想起那年兄弟小强休年假去昆明看我，结果他到的第二天，我就开始出一个长差，把他一个人扔在昆明五天。我给他罗列了昆明的主要景点，告诉了他坐车的路线，结果他一个景点也没去，偶尔就在昆明城里走走逛逛。送他返程去机场的路上，我抱愧万分，他却丝毫没有生气的意思，只是淡淡地说：“看你生活得这么充实，我就放心了。”

我想起专程请假陪我去城子古村的老吴夫妇。我们曾经计划年老时，找一处茶山，租一间小屋，喝茶打牌，一起养老。茶山要有清新的空气，夜里能看见好多星星。

我想起在昆明常常一起吃鱼的那群朋友。我们都不是诗人，聊起来却都是关于诗的回忆。比如聊起翠湖，皓子念出一句她朋友圈里不知是谁写的诗：“空灵了翠湖的波心，谁在你寂寞的深处？”我们笑作一团。而在我要离开云南的时候，老徐专门给我写了一首诗：“有些记忆，可以留给时光；有些人，却要放在心里……”真真假假，都是离愁。

我想起我离开云南那天，梅姐送我去机场。我跟她说：“我联系好车了，你一起去就行。”她说：“不，我送你，你坐我开的车，才叫送。”那一路上，看着生活了五年的春城街景随着车的前行而后退，心中五味杂陈。“等你下次带女朋友，来翠湖求婚吧。”这是我们关于云南的一个美好约定。

…… ……

脑海里想起他们，我明白了云南到底哪里不一样。

风景可能大同小异，但不一样的，是人。正因为有了这么多或温暖或感伤的记忆，才让云南变得格外不同。

“去哪里，不如同谁一起。”陪你去看风景的人，一定比风景本身更重要。

所以，这本书是一份谢意。感谢家人朋友的包容和不离不弃的陪伴，感谢所有云南的朋友曾经给予我的关照以及带给我的美好。

这本书也是一个邀请。七彩云南，是许多人向往的旅游天堂。希望每一个翻开这本书的人都能在爱的陪伴下，感受到她不一样的另一面。

不管沿路风景有多美，有你在，才是刚刚好。

2018 年 7 月 16 日

于北京

目录

01

昆明

“天气常如二三月，花枝不断四时春”，这是人们对于昆明这座高原春城最美好的想象，也寄托着无数人关于诗意栖居的人生理想。虽然如今的昆明更像一个繁忙的中转站，大量游客经由这里奔赴大理、丽江、香格里拉……但作为省会，昆明依然是你云南之行难以避开的重要一站。

滇池和石林，像是昆明的符号，对于第一次来云南的人，是必须去的地方，可到此一游之后，就会感觉少了那么点新鲜劲儿。其实，假如冬天到滇池，成群的红嘴鸥飞舞在云天山水间，会是整个昆明最灵动的风景。如果见惯了大石林的雄奇，开发不久的乃古石林则更为古朴秀丽，再衬以连绵的花海，保管让你挪不动步，想要一直按快门。而到东川看红土地，到斗南赏花、买花、观湿地，到安宁采摘、泡温泉，到晋宁寻访古滇和郑和遗迹，都是近年来逐渐升温的新玩法。古老的昆明，总会不断给你新的惊喜。

云南的少数民族众多，使得昆明汇聚了各民族不同的节庆活动和美味。云南是中国面向南亚、东南亚开放的重要门户，昆明的街头也常能见到充满南亚、东南亚风情的异国元素。

老昆明人始终觉得昆明是个“好在”①的地方，天空湛蓝、空气清新、熏风和畅、遍地鲜花。外地人来了，也会被这里宜人的气候、多元的文化、美丽的景致、众多的少数民族，以及慢悠悠的生活节奏所吸引，不想再离开。

近些年来，昆明城市建设突飞猛进，老街区的面貌早已模糊，城里随处可见的蓝色围板更是让人嫌弃。要想在千城一面的现代都市中感知独特深厚的历史文化积淀，恐怕还需沉下心来慢慢寻找，细细体会。

---

① 好在：云南人常用的口头语，意为“舒服、宜居、过得好”。

东川红土地·锦绣园

东川红土地

许多人对于“七彩云南”最直观的印象，就来自拍摄于这里的照片。大地真的幻化出了夺人心魄的七彩。这里是昆明最壮美却也是最容易被忽略的景观。

这里，是东川红土地，在昆明市东北方向，深藏于大山深处，正待人们走进。

爱好摄影的资深驴友说，这里是“上帝打翻在人间的调色板”，是“苍穹下的万花筒”；有专家说，这里是全世界除巴西里约热内卢之外最有气势的红土地，而其景象甚至比巴西红土地更为壮美。

东川高温多雨，土壤含铁、铝成分较多。土壤里的铁质经过氧化慢慢沉积下来，经年累月，逐渐形成了炫目的色彩。以东川区新田乡花石头村为中心，方圆近百里的区域内，集中分布着云南最典型、最具特色的红土地景观，七彩坡、落霞沟、锦绣园、乐谱凹……连地名都美得让人浮想联翩。

车刚开到这里，窗外层层叠叠的土地

就开始变得斑斓。上到高处，清风正好，举目四望，一幅巨型油画在眼前铺展开来：山川和原野，阡陌纵横，层叠交织；大大小小的山头间，各色交融，直叫人叹为观止。

不同的季节来这里，可以看到不同的景色：一部分土地翻耕待种，露出绚烂的红；另一部分土地上，根据时令的不同，或是绿绿的青稞，或是白色的油菜花，或是雪白的洋芋花，或是翻滚的麦浪……当地村民三三两两，赶着牛，在大山深处七彩的土地上耕种，一派辽阔重彩的田园风光。再衬以蓝天、白云和变幻莫测的光束，不同的色彩交相辉映，更是壮观好看。

由于山高路远，游客并不密集，这里还保留着原生态的美。红土地周边，农家乐已经开起来。许多摄影爱好者长时间驻扎在这里，吃着烤洋芋、苦荞、老火腿等农家菜，呼吸着最清新的空气。他们早出晚归，在每一个晨昏间频频按下快门。而如果你只是想单纯地游览，饱饱眼福拍拍照，一天时间也够用了。

不管你选择什么样的游览方式，这里,绝对是你在云南不该错过的惊艳之地。

由于红土地区域面积较广，代表性景点之间往往会有一段距离，因此自驾或到当地之后再租车会比较便于游览。我们以花石头村为中心，大致可以规划为以下三条路线。

西北线：锦绣园—七彩坡—打马坎—联合乡

锦绣园、七彩坡一带，是来东川红土地的游客最为集中的地方。但这两处其实是同一片土地，只是因为观赏角度不同，所以会有不同的视觉感受。锦绣园面积大、范围广、层次丰富，适合拍大场景，也是拍日出的好地方。如果运气足够好，雨过天晴之时，还可能拍到“电筒光”穿透云层，在山间游移。而七彩坡则适合在有光影变化时，拍摄马车、孩童等小景。

打马坎是个村子，日出时，在公路边的高坡上俯瞰，是极佳的取景点。秋冬时节，云海、雾霭是这里的常客，翻耕待种的红土地和已经种上的绿绿的青稞、荞麦等，组合成五彩斑斓的开阔图景。

因为交通不便，过去很少有游客到达联合乡，摄影师来的也不多，但如今这里已经可以较为方便地抵达。许多拍惯了红土地核心区域景观的摄影师，会选择从打马坎岔走，继续深入这片还未被太多人知晓的美景之地。

西南线：瓦房梁子—大垭口—乐谱凹—螺蛳湾

瓦房梁子场景开阔，地势较高，是观赏晚霞和日落的最佳地点。

大垭口距花石头村两千米左右，可以看到丘陵、山峦、沟壑、村庄相伴相依的美景。日出、日落时分都是拍摄的好时段。

花石头村旁的乐谱凹，层层的梯田线条明快，好似天然的田园乐谱。宁静的小村庄以及生活、耕作在其间的村民，就像音符，错落有致地点缀在红土地上，把这幅七彩画卷一直铺向远方。

螺蛳湾，山形像螺蛳，纹路曲折蜿蜒，秋冬时节易出“大片”。

东线：老龙树—落霞沟—月亮田

电影《无问西东》曾在东川红土地取景，片中多次出现一棵仿佛遗世独立的大树，这棵树正是花石头村附近的老龙树，也被当地人尊为神树。据说，这棵古老的杉树已经生长了上千年，曾枯死三年，然后又逢春吐出新芽。它孤独地站在一处小山坡上，枝繁叶茂，远看好似一把大伞，默默地护佑着这方七彩的土地。

落霞沟在东川红土地中的名气非常大。其周围群山环绕，傍晚时分，晚霞洒落在色彩斑斓的小山坡上，如梦似幻。如果跟远山、云海一起收入镜头，会显得更加气势磅礴。这里是被摄友们推荐必拍的景点之一。

月亮田是一处梯田景观，在雄浑的大山间勾勒出错落有致的曲线，尤以一块形似玉琵琶的水田最具代表性。

叹为观止

说起泥石流，你有没有惊恐万状、毛骨悚然的感觉？来到东川，泥石流可能会带给你一种别样的新奇体验。

东川小江全长 140 千米，有 100 多条各类泥石流沟谷，分布之广、数量之多、发育之完整、类型之齐全，为世界罕见。旱季的时候，在东川的许多地方都可以见到泥石流冲刷后留下的干涸的灰色泥浆，以及沙粒满布的河床，仿佛置身于大漠戈壁。

位于东川区绿茂乡的蒋家沟泥石流博物馆是全世界最大的泥石流自然博物馆。这里每年 6 月到 9 月遇到大暴雨都可能引发泥石流。如果正巧赶上，游人可以在相对安全的地方亲身感受千斤巨石在峡谷中随泥浪逐流、好似千军万马声震如雷的壮

泥石流冲刷后的沟谷

① 东川红土地 · 落霞沟　② 东川红土地 · 老龙树

观景象，这会是非常难得的人生经历。

而到了“五一”期间，在大白泥沟等天然泥石流河谷中，则会上演世界上独一无二的泥石流汽车、摩托车越野赛。每年泥石流暴发都会形成绝不重复的赛道和障碍，所以吸引了世界各地总在寻求新鲜刺激的车迷前来挑战极限。

近年来，东川人民还在泥石流冲积形成的沙滩上种出了西瓜、洋葱、大蒜等农产品，不少游客慕名前来参观、露营。在泥石流流过的滩涂上，人们燃起篝火，烤上洋芋、羊肉，吃着西瓜，仿佛重回到了蛮荒时代。

轿子雪山夏景

顺道一游

轿子雪山

轿子雪山位于东川区和禄劝县交界处，海拔4223米，因其主峰形似古代轿椅而得名。冷杉、杜鹃花、瀑布是它标志性的景观，尤其是冬日的冰瀑宛如汉白玉雕塑，形态万千，让人仿佛置身于童话世界。

目前，东川一侧有以碳房村为起点的登山线路，适合驴友攀登。普通游客则推荐从禄劝一侧进入景区，还有索道可以乘坐。当地已经开通经倘甸镇、转龙镇到轿子雪山景区的旅游专线，从昆明出发，大约两个半小时即可到达。

雪岭

从红土地镇出发，附近的碳房村是攀登雪岭的理想起点。

海拔4344米的雪岭，为“滇中第一高峰”，山顶大半年都有积雪，日落时分，常会出现白雪被晚霞映照如火的壮美景致。而春夏时节，杜鹃花、马缨花等绽放山野，又是另一番美景。

但雪岭目前还只在昆明及周边地区的驴友圈中有些知名度，由于还未进行旅游开发，普通游客造访会相对困难。

• 最佳旅游时间

4月、5月、9月、10月、11月是拍摄红土地的最好月份。地里的荞麦、油菜等作物与红土地搭配在一起，颜色会更加丰富。

• 交通

目前从昆明城区前往红土地，有两条线路：一条是经东川城区到新田乡，全程约 250 千米，路况不错；另一条是乘坐昆明到法者村的班车，在花石头村下车，需 6 个多小时，路况较差。

• 住宿

为了拍摄便利，推荐住在红土地附近的农家旅馆，基本条件还是不错的。如果想住得更好些，也可以住到东川城区，早晚往返。

红土地镇

名称：红土地旅游接待中心

地址：红土地镇近老龙树

电话：13312542999

起价房型：普通标间

价格：80 元

星级：农家乐

东川城区

名称：铜都大酒店

地址：东川区古铜路

电话：0871-62568888

起价房型：普通标间

价格：188 元

星级：3 星

• 医院

东川区人民医院

电话：0871-62123124

翠湖周边

如果你问一个老昆明人，市里哪儿最好玩，十有八九，他们会说翠湖。

著名作家汪曾祺说：“没有翠湖，昆明就不能称之为昆明了……翠湖是昆明的眼睛……”足见翠湖之于昆明的不可或缺。

作为首批国家历史文化名城，随着城市的迅速发展，昆明剩下的传统老街区和老房子已经不多。但在翠湖周边，在曲里拐弯的巷弄里，还保留着老昆明的许多印迹。这些印迹是这座城市文脉赓续的见证，适合喜欢历史的人慢慢寻访。

这些印迹，可能是闻一多“最后一次演讲”的至公堂，可能是朱自清、胡适、冯友兰、金岳霖等大师曾经执教的“西南联大”，可能是培养出朱德、叶剑英等军事将领的陆军讲武堂，可能是音乐家聂耳出生的中药铺“成春堂”，也可能只是寻常人家精美的“一颗印”[②]老房子……

岁月的风烟早已散尽，只余下一座座古旧的建筑凝固着时光。看到它们，你才算真正看到了这座城市。

---

② 一颗印：昆明地区一种传统民居建筑形式，由正房、厢房、倒座等围合而成，因其建筑院落平面基本呈方形布置，有如中国传统之印章，故而得名。

翠湖

而要想真切地感知一座城市，就必须融入当地人的生活。

地处昆明老城区中心的翠湖，是昆明人最喜爱的市民公园，春抚杨柳、夏赏荷花、秋可观鱼、冬来戏鸥。白天，多的是当地人散步、下棋、遛鸟、喝茶，市井气息浓郁；入夜，环湖跑步的人多起来，广场舞拉开大幕，周边酒吧也开始热闹起来。无论是本地年轻人还是外地游客，都喜欢在湖边酒吧坐下来，要上一扎啤酒，尽情享受红土高原的晚风恣意地扑打面庞。

云南诗人于坚曾经写道：（昆明）这大地激发的不是征服世界的野心，而是回家、归宿和享受生活的渴望。

昆明给人的印象，本就是一座慢悠悠的城市。到了翠湖边，摆满盆花的阳台、沿路各种地道的小吃、小贩们南腔北调的叫卖，还有正在享受阳光的昆明人，似乎都在提醒你，有蓝天、有白云、有纯净的空气、有鲜花、有美食的生活，值得你放慢脚步，细细品味。

云南大学

云南大学始建于 1922 年，时为私立东陆大学，1938 年改为国立云南大学。校内文物众多，有 1924 年落成的典型法式建筑会泽院；有科举时代举行乡试、会试的贡院，闻一多先生著名的“最后一次演讲”即在这里的至公堂进行；有林徽因

云南大学至公堂

主持设计的映秋院，中西合璧，古朴典雅；有著名数学家熊庆来、著名文学家李广田的故居，著名数学家陈省身也曾在此寄居；还有“云南第一天文点”，在这里最早测出了昆明的准确经纬度。

与历史建筑辉映的是花园式的校园景观。尤其是每年秋天，银杏道上的银杏叶变黄时，会有许多人前来拍照，已经成为昆明人钟爱的黄叶观赏处。

云南师范大学

1937年抗日战争全面爆发后，北大、清华、南开三校被迫南迁，后来在昆明组建了著名的国立西南联合大学，下设文学院、理学院、工学院、法商学院和师范学院。1946年5月，三校分别迁回原址复校，师范学院留在云南独立设院，定名为国立昆明师范学院，后更名为云南师范大学。

在今天的云南师范大学一二一校区，还保留有国立西南联合大学校门旧址、国立西南联合大学纪念碑、国立昆明师范学院纪念柱，以及“一二·一”运动四烈士墓，李公仆、闻一多衣冠冢等遗迹。其中，国立西南联合大学纪念碑由著名学者冯友兰撰文、闻一多篆额、罗庸书丹，记述了西南联大的创建历史和校风校典，是中国革命史和教育史上的一座丰碑。

如今，校内还建起了国立西南联合大学纪念馆、“一二·一”运动纪念馆，陈列有大量史料和实物，供后人参观。

云南陆军讲武堂

近代云南，有一文一武两所著名学校，“文”指西南联合大学，“武”就是云南陆军讲武堂。这所中国近代著名的军事院校，开办于1909年，曾培养出朱德、叶剑英等军事将领。

今天，云南陆军讲武堂米黄色砖木结构的四合院二层建筑依然矗立在翠湖畔，格外醒目。走进四合院，站在历经百年风雨的操场上，环顾四座走马转角楼，讲武堂当年的雄伟气魄就在眼前。

目前，讲武堂内设有关于讲武堂校史、“重九”起义和护国运动的固定展览，可免费参观。

昆明动物园

昆明动物园位于翠湖附近的圆通山上，是国内规模较大的动物园。这里生活着多

圆通山樱花怒放

种云南特有的珍禽异兽，如西双版纳野牛、棕颈犀鸟、印支虎、黑尾蟒、滇金丝猴等。

园中还种植有樱花、海棠花、梅花、茶花等植物，可谓四季花开不断。尤其是阳春三月，高低错落的山麓之上，连片成林的樱花和海棠竞相绽放，形成“圆通花潮”这一昆明胜景。

圆通寺

圆通寺也坐落在圆通山上，与昆明动物园毗邻，从唐朝南诏时代算起，已有1200多年的历史，在中国西南地区和东南亚一带都享有盛誉。

圆通寺借背后螺峰山之景，寺内建有高大壮观的圆通胜景坊、圆通宝殿、八角亭和四周水榭回廊，是园林、景色和寺庙融为一体的佛教圣地。“螺峰叠翠”一直是昆明八景之一。

圆通寺还有两大特色：一是，从正门进入寺院就不断往山下走，越向里走，地势越低，是我国寺庙建筑上较为罕见的“倒坡寺”；二是，圆通寺由大乘佛教、上座部佛教（俗称小乘佛教）和藏传佛教三大教派的佛殿组成，以大乘佛教为主。来一趟圆通寺，就可对佛教三大教派的殿宇都有所了解。

金马碧鸡坊

金马碧鸡坊是昆明的标志，位于市中心的三市街与金碧路交会处，雕梁画栋，精美绝伦。这两座牌坊始建于明朝，后来被毁，今天人们所见到的金马碧鸡坊是1998年重建的。它近旁的南屏步行街，是昆明最繁华的商业中心区，商场云集，非常热闹。

聂耳故居

聂耳的父亲是云南玉溪有名的中医，光绪年间到昆明行医，在甬道街租用一间铺面开中药铺，取名为“成春堂”。1912年2月14日，聂耳在这里出生，并在昆明度过了他的幼年和青少年时光。

聂耳故居始建于清晚期，坐东朝西，临街有两层楼，土木结构房三间，故居内主要展出了聂耳在昆明、上海和海外度过的三个人生阶段的大量照片、遗物与生活用品，其中聂耳小时候使用过的乐器、乐谱格外引人注目。此外，聂耳出生时的房间和他父亲的药铺也被还原，供游客参观。

聂耳故居周边的景星花鸟市场、创建于1857年的福林堂中药行、民国年间所建的造型对称的姐妹楼、抗战胜利纪念堂（原清代云贵总督署衙）、昆明独特的“一颗印”民居建筑等，也可一看。

东寺塔和西寺塔

东西寺塔初建于唐代，都经历多次重修，但塔的造型仍保留着唐代建筑风貌。如今，双塔分别位于昆明市内的书林街和东寺街，一东一西隔街相望。街中部南廊建有一座仿古建筑——近日楼。如果路过，不妨停步拍张照片。

• 住宿

名称：昆明翠湖宾馆
地址：翠湖南路6号
起价房型：商务大床房
价格：918元
星级：5星

名称：如家精选酒店（昆明翠湖店）
地址：翠湖南路152号
起价房型：商务大床房
价格：288元
星级：3星

名称：昆明君乐酒店
地址：云南省图书馆对面
电话：0871–65386688
起价房型：普通标间
价格：不低于500元
星级：5星

名称：海鸥宾馆
地址：翠湖南路112号云南省科技馆斜对面
电话：0871–65337144
起价房型：普通标间
价格：290元
星级：2星

滇池湿地

滇池周边

滇池是昆明人生活中回避不开的存在，每个老昆明人都能给你讲出他们小时候在滇池游泳、抓鱼、喂海鸥的故事。而且昆明许多声名在外的自然美景、人文景观、历史遗迹、主题公园都集中在滇池周边。如果在昆明旅游而没到滇池，总会觉得少了点什么。

如果不想离开市区，可以考虑大观楼，这里夏日荷花遮天蔽日，秋天菊花傲霜怒放，而长达180字的“天下第一长联”更是令人叫绝。或者到海埂大坝，晨昏散步，冬日观鸥，远眺西山如睡美人一般横卧在滇池之滨。

如果有一整天的时间，就可以“耍西山”。你可以在海埂乘坐索道直达山顶的龙门，也可以走柏油路步行上山，沿途绿树成荫、鸟语花香，山间有古刹、聂耳墓等，可放慢脚步细细观赏。等上到龙门，半城山色半城湖的壮丽景致便可尽收眼底。

滇池南岸的晋宁，是古滇文化的发祥地，也是伟大航海家郑和的故里。作为“云南十大历史文化旅游项目”之首的古滇文化旅游名城项目就位于晋宁的滇池之畔，目前已部分开放运营。

爱花之人，一定不会错过斗南，那可是中国最大的花市，盆花、鲜切花、干花，要啥有啥。这里的花有多少呢？走进鲜花销售大厅，满眼皆是缤纷，满鼻全是芬芳。这里的花有多便宜呢？玫瑰花卖出白菜价这样的好事，你也可能会碰到。

现在，还有更具挑战性的玩法——不少昆明人都有驾车或骑单车环滇的爱好，但这一趟下来，尤其是骑单车，即使不深度观光，也需要大半天的时间，对体力、耐力都是不小的考验。

其实，选择在滇池边骑行一小段，也是不错的体验。这些年来，针对滇池污染的治理一直在进行，其中一项重要举措——湖滨带的治理使滇池沿岸出现了一大批美丽的湿地公园，并且已经开始连成一条湿地景观带。各种花木飞鸟与滇池水景交织，即使是冬季，这里依然春意盎然，鲜花盛开。湿地公园中多建有栈道，可供游人徜徉。

滇池是我国西南最大的湖泊，面积超过 300 平方千米，景点散落湖边，因此就有许多玩法。根据自己的时间和兴趣做出选择，是比较合理的安排。但不管选择哪条线路、哪种玩法，到了昆明，就尽情地去享受滇池的美景吧！正如大观楼长联所说，“莫孤负：四围香稻，万顷晴沙，九夏芙蓉，三春杨柳。”

大观楼

大观公园俗称“大观楼”，位于滇池草海北滨，始建于明朝。园内最有名的景观，是清康熙年间临水而建的大观楼。清乾隆年间，名士孙髯翁登大观楼有感而发，撰写 180 字长联，将滇池美景、历史风物，以及人生感悟生动地展示在世人面前，被誉为“天下第一长联”，大观楼也因“绝世长联”而跻身“中国名楼”之列。

入园后，还可游览涌月亭、凝碧堂、揽胜阁、观稼堂等楼台亭榭。从园里的码头登船，可畅游滇池。

大观楼长联（清·孙髯翁）

五百里滇池，奔来眼底，披襟岸帻，喜茫茫空阔无边。看：东骧神骏，西翥灵仪，北走蜿蜒，南翔缟素。高人韵士何妨选胜登临。趁蟹屿螺洲，梳裹就风鬟雾鬓；更苹天苇地，点缀些翠羽丹霞，莫孤负：四围香稻，万顷晴沙，九夏芙蓉，三春杨柳。

大观楼

昆明

数千年往事，注到心头，把酒凌虚，叹滚滚英雄谁在？想：汉习楼船，唐标铁柱，宋挥玉斧，元跨革囊。伟烈丰功费尽移山心力。尽珠帘画栋，卷不及暮雨朝云；便断碣残碑，都付与苍烟落照。只赢得：几杵疏钟，半江渔火，两行秋雁，一枕清霜。

海埂大坝

坐车到观景路，也就到了海埂大坝。它紧依滇池，面对西山，还建有湿地公园，花红草绿，景色宜人，是昆明人散步休闲的好地方，也是迎来送往各地游客的城市客厅。尤其每年入冬以后，这里是最佳的观鸥点，花几块钱买一包鸥粮，或抛向空中，或执于手掌间并将手伸出，红嘴鸥就会飞来抢食，非常有趣。

观鸥指南

红嘴鸥是昆明的“荣誉市民”。每年10月到次年3月，成千上万只红嘴鸥从遥远的西伯利亚飞临昆明越冬，在滇池、翠湖、盘龙江等区域都可以看到它们成群地盘旋于蓝天，游弋在碧水。而不远处，可能就是熙攘的人群、疾驶的汽车和高耸的大厦。但是，鸟儿们丝毫不被打扰。汽车为它们减速，游人为它们投食，一派人鸥同乐的动人场景。

和暖的日子，翠湖公园、大观公园、滇池海埂大坝、海埂公园、环西桥等处，都是观赏、投喂、拍摄红嘴鸥最佳的地方。各处也都有鸥粮出售。但在与红嘴鸥互动

海埂大坝 · 人鸥同乐

时，一定注意不要用手抓鸥，不要弄伤红嘴鸥，不然会受到处罚。

云南民族村

云南民族村距市区约8千米，建有傣、白、彝、纳西、佤、哈尼、布朗、基诺等25个少数民族村寨。游客在村中游览，既可看到这些少数民族的建筑、服饰、生活用品，了解风俗习惯、宗教文化，也可以观赏民族歌舞。当少数民族节日到来的时候，村里还会有白族的“三月街”、傣族的“泼水节”、彝族的“火把节”、景颇族的“目脑纵歌”等独具特色的民族节庆活动。

在民族村东门外，建有一片仿古建筑——“昆明故城”，这里展示着老昆明闲适的市井文化，也是餐饮和购物的地方。

云南民族博物馆

云南民族博物馆就在云南民族村正门的马路对面，是中国规模最大的民族类博物馆。馆内珍藏的民族文物超过4万套（件），其中，民族服饰类文物品类之齐全为全国之首。“民族服饰与制作工艺”“民族文字古籍”“民族乐器”“民族民间面具”“民族民间美术”等基本陈列，常年向观众免费开放。

西山

西山东临滇池，距昆明市区约15千米，自明代以来，就是风景名胜之地。当地有“三月三，耍西山”的传统，每年这一天，昆明人都呼朋引伴，扶老携幼，上山游玩，十分热闹。

西山的核心景区是大型森林公园，其间林木苍翠，百鸟争鸣，又有古刹殿宇、名胜古迹等依山临海，或掩映在茂林修竹深处，或嵌缀在悬崖峭壁之上。

华亭寺，距今已有900多年历史，经历代扩建、维修，现有钟楼、天王宝殿、大雄宝殿等建筑，为昆明地区现存较大的一座寺庙，香火旺盛。

太华寺，位于西山最高峰——太华山的山腰，始建于元代，由天王殿、大雄宝殿、缥缈楼、一碧万顷阁、水榭长廊等组

西山

成。寺内山茶、玉兰争艳，寺外修竹茂密、古树成林。

三清阁，陡峭山崖上，包括灵官殿、老君殿等一组琼楼玉宇般的亭阁建筑，登临只觉视野开阔，景致极佳。真武宫后有一泓泉水，泉内有一尊小牛像，俗称“孝牛泉”，泉水清冽，终年不涸。

聂耳墓也在西山上。一尊汉白玉雕成的聂耳像，令人肃然起敬。背后护墙上，以浮雕的形式再现了当年在《义勇军进行曲》的鼓舞下，中国人民团结抗战、前仆后继的光辉岁月。

龙门是西山上最为有名的景点，号称西山名胜之首，位于西山风景区终端，北起三清阁，南至达天阁，一路山势奇绝，石刻精美。因位置较高，在龙门可俯瞰整座昆明城，而脚下的滇池更是波光粼粼、一碧万顷，故有“不要西山等于不到昆明，不到龙门只是白跑一趟西山”之说。但龙门的栈道狭窄，石梯较滑，攀登时须格外小心。

现在，不能自驾车上西山了，只能从山下的高峣村，步行上龙门，约需三个小时，对于体质弱的人是个不小的考验。也可以在高峣村换乘景区内的环保巴士直达龙门，或乘滇池旅游索道跨越滇池直上西山。

叹为观止

远眺西山群峰，你会发现，它既像一尊庞大的睡佛，又似一个仰卧的少女，头、脖颈、身体、秀发都栩栩如生，昆明人因此给它起了一个好听的名字叫“西山睡美人”。在滇池沿岸的许多位置，如去往官渡、呈贡方向的沿途不少湿地公园临湖的地方，都可以找到比较理想的观赏角度。

远眺滇池“睡美人”

斗南花市

斗南几乎已经成为“花花世界”的代名词，这里拥有中国最大的花卉交易市场，鲜切花年交易量已经突破 82 亿枝，在全国 80 多座大中城市中占据 70% 的市场份额。走进斗南花市，就走进了花的世界——鲜花、干花、绿植、精油等香味杂陈，令人眼花缭乱；蓝色妖姬、香水百合……鲜切花种类达到 1600 种，有不少花卉品种可能都是你第一次遇见。而要问起价格，有时更能低到令人咋舌，“白菜价”“论斤卖”在这里都能变成现实。如

斗南花市

果一下子买得太多，还可以就近联系快递公司，将鲜花直接快递到家。

晋宁

滇池西南岸的晋宁，是古滇文化的发祥地，云南青铜文化的中心。在晋宁石寨山出土的“滇王之印”印证了司马迁《史记》中关于古滇国的记载。夕阳恐龙化石、梅树村寒武系地质标准剖面、石寨山汉墓群、晋城古镇、石将军等名胜古迹和秧佬鼓等丰富多彩的民族民间文化，向世人展现了这片土地的古老和神奇。

晋宁是伟大航海家郑和的故乡。郑和七下西洋的壮举，在世界航海史上写下了不朽的篇章。古滇文化、郑和文化，由此成为晋宁旅游的金字招牌。

「古滇文化旅游名城」

位于晋宁区晋城镇环湖南路，滇海古渡大码头、生态湿地、樱花谷等项目已建成运营。大码头的环廊建筑风格古朴、粗犷，与候船大厅的倒影相映成趣，从滇池泛舟归来，游客登上码头，即能感受千帆点点的古滇渡口历史遗风。

「郑和公园」

滇池国家重点风景名胜区的重要组成部分，位于晋宁城区昆阳西面的月山上。民国初年，月山上发现郑和父亲马哈只的墓碑，确定了昆阳就是航海家郑和的故乡。

①②郑和公园

如今，郑和公园内复建了郑和故居，雕塑了郑和石像，建起了三宝楼和郑和碑林。其中，三宝楼是仿郑和下西洋而建的宝船型的建筑，坐落在公园的制高点上，是鸟瞰滇池湖光山色的登临胜地。

「盘龙寺」

滇中佛教圣地，也是昆明香火最旺的寺院之一，位于晋宁区晋城镇东面3千米的盘龙山上。每年农历正月初一至初三、八月初一都有盘龙寺庙会，来此朝山拜佛赶庙会的香客和游人摩肩接踵、络绎不绝。庙会中的“沐佛”活动，是整个庙会最特别的项目，庄严盛大，非常壮观。

「国立艺专旧址」

国立艺专于1939年夏辗转来到昆明，为躲避日本飞机轰炸，又来到晋宁区晋城镇安江村，直至1945年抗战胜利回迁杭州。如今，国立艺专曾经使用过的龙王寺、玉皇阁等建筑还基本完好，现被列为省级文物保护单位。整座建筑坐北朝南，四周被约160亩荷塘围绕。

「晋城古镇」

距晋宁城区昆阳约15千米，由老城的上西街、下西街、官井街等八条街道组成田字形附以数十条小巷的格局，据说是从明万历年间保留至今的。

官渡古镇

作为古滇文化发源地之一的官渡古镇，距今已有1000多年历史，离市中心约10千米。古镇中心的金刚塔建成于明天顺二年（1458），是一个在方形高台基上建成的中大塔四角小塔的五塔建筑，现为全国重点文物保护单位。

而其他寺塔、传统建筑群等多为仿古重建，与其他类似的古镇无异。如果有兴趣走进饵块传习馆、滇剧传习馆等非物质文化遗产传承展示区，既可以品尝新鲜出炉的官渡粑粑，欣赏传统的滇剧表演，也可以看到浓缩了的老昆明历史。

云南省博物馆

成立于1951年的云南省博物馆，是云南历史、文化、艺术的聚集之地，文物藏品登记在册的总数超过22万套（件）。其中，战国青铜牛虎铜案、西汉四牛鎏金骑士铜贮贝器、西汉战争场面铜贮贝器、大理国时期的银背光金阿嵯耶观音立像等都是镇馆之宝。目前，设有“远古云南”“南中称雄”“妙香佛国”等基本陈列。

云南省博物馆原来位于市中心五一路118号，2015年5月，位于广福路6393号的新馆正式开馆。虽然距离市区约有一个小时的车程，但离官渡古镇已经不远，可以一并游览。

捞鱼河湿地公园

进入3月，捞鱼河湿地公园的郁金香花海就会刷爆云南人的朋友圈。金色牛津、法国之光、道琼斯小黑人等50多个品种逾180万株郁金香怒放，每天都有成群结队的游客前来观赏拍照。自驾车的话，走滇池路上环湖路，或者走昆玉路到呈贡站下，经驼峰街转上环湖东路，穿过七星山隧道，出洞3千米左右，右手边即是。

其实，滇池沿岸还有许多类似的湿地公园，东大河、海东、宝丰、西华、五甲塘、斗南……个个都美得惊艳。芳草绿树间，百花争艳，穿过通幽小径或雅致的木栈道，就能看到五百里烟波浩渺的滇池。它们已经不仅仅是昆明人饭后休闲散步的去处，更成为昆明一道新的旅游景观。如果你经过滇池边看到有湿地公园的牌子，不妨进去走走，虽然景致差异不大，但细微处又各具特色，应该不会令你失望。

・住宿

名称：途涂连锁客栈（昆明民族村店）
地址：滇池路1312号5栋
起价房型：迷你大床房
价格：268元
星级：民宿

名称：昆明华邑酒店
地址：红塔西路5号，近海埂大坝
起价房型：华邑豪华双床房
价格：798元
星级：5星

名称：昆明兰朵度假酒店
地址：滇池路1312号H栋，近民族村
起价房型：豪华标间
价格：358元
星级：4星

官渡古镇妙湛寺双塔

昆明城北

昆明市区北部，集中着世博园、金殿、植物园、野生动物园等景点，但这几处景点的独特性都不是特别强，对外地游客的吸引力有限，反倒更像是昆明人携家郊游的去处。

作为旅游达人，如果专门去这些地方，并不会觉得有太多新奇。但如果你在昆明探亲访友、工作学习，会久居一段时间，拿出一天与家人朋友一起逛逛，可能会是无聊生活中的一些点缀。

世博园

1999 年在昆明举办的世界园艺博览会堪称 20 世纪末全球规模最大的国际盛会。20 年后，“世博”给昆明留下的印迹依然随处可见。

世界园艺博览会的会址被保留，成为一个主题公园，是昆明市内的地标之一。当年，园内种植有 2000 多种、200 多万株（丛）各类植物，在种植种类和栽培上均创下了历届世界园艺博览会的最高纪录。如今的世博园已与普通的城市公园无异，虽然园内仍然保留着全国

昆明世博园

各省区市和众多国家风格迥异的园林园艺、庭院建筑，但都已显陈旧，并且有的已经不再开放，而被改作玉器店、饭店等商业用途。如果不是必须弥补多年前未曾亲临世界园艺博览会的遗憾，这就属于可去可不去的景点。

金殿

世博园与金殿之间，可以乘坐索道直接往来，非常方便。

金殿景区内，有一幢吴三桂在清朝康熙年间铸造的青铜建筑，高 6.7 米，纵深空间超过 7 米，门窗、梁柱、帷幔，甚至殿前的旗杆旗帜等皆为铜铸，在阳光的映照下，金碧辉煌。景区内还有一口明代铸就的青铜大钟，为云南第一的大铜钟，撞击时钟声悠远厚重，直穿云霄。

金殿坐落的鹦鹉山，自明代以来就是云南著名的道观风景名胜区。冬春交替时

金殿

云南野生动物园

节，漫山的茶花和杜鹃花竞相争艳，鹦鹉山春意盎然，春深似海。

云南野生动物园

金殿后面的云南野生动物园，拥有云南珍稀动物园区、非洲部落、鸵鸟散放区、天鹅湖、狮虎山庄、孔雀园等开阔区域，游客可以和斑马、梅花鹿、大羚羊、浣熊、长颈鹿等野生动物来个亲密互动，比如给散放的野生动物喂食，感受“吃货”浣熊抱大腿，看大长腿长颈鹿如何吃东西，在玻璃栈道里与老虎隔空接触等。

昆明瀑布公园

昆明瀑布公园是牛栏江引水入滇重大工程的入昆首发点，瀑布水源来自牛栏江—滇池补水工程。这是目前亚洲幅宽最大、流量最大、规模最大的人工瀑布，瀑布直线幅宽 300 米，落差 12.5 米，给人银瀑飞泻、气势磅礴之感。

昆明植物园

云南是动植物王国，对花花草草感兴趣的游客，可以去逛逛昆明植物园。始建于 1938 年的昆明植物园，隶属于中国科学院昆明植物研究所，已建成山茶园、竹园、杜鹃园、百草园、木兰园、金缕梅园等 15 个专类园（区），收集保育植物 7000 余种，有许多都是在其他城市植物园中难以见到的极小种群植物或珍稀濒危植物。许多昆明人都认为，秋季的植物园色彩缤纷，是最美的。

· 实用

云南省文化和旅游厅咨询投诉电话：0871-64608315

昆明市文化和旅游局咨询投诉电话：0871-63163620

· 医院

昆明医学院附属第一医院（云大医院）

电话：0871-65324888

云南省第一人民医院（昆华医院）

地址：昆明市西山区金碧路 157 号

电话：0871-63639921

昆明市第一人民医院

电话：0871-63188200

大石林・石林胜境

石林

石林是云南的老牌标志性景区，名气很大，阿诗玛与阿黑哥的爱情故事更是一代人的经典记忆。当《远方的客人请你留下来》一曲响起时，一下子就拉近了游客与这方山水的心理距离。

来到石林，也就走进了喀斯特的王国，走进了大自然两亿七千万年风磨水洗造就的地质奇迹。崔嵬的山石直立突兀，有的像人，有的似鸟，有的如屏风，有的像灵芝……浩瀚如林，形态万千，被誉为“天下第一奇观”。

像石林这样的象形景观，常因被人为地赋予了一些寓意而显得多了一份生趣。如果没有导游讲解或者事先没有查资料做功课，游客可能会路过而不识。石头看久了难免容易出现视觉疲劳，因此许多人在游玩之后也常有“不过如此”的感觉。

石林的旅游开发已非常成熟，如今又成为“世界自然遗产”，一年四季游人如织，黄金周时游客更是多到爆棚。其实，石林包含了大石林、小石林、乃古石林、长湖、大叠水等多个景区。我们在宣传画中常常看到的，同时也是游客主要聚集的，是大石林和小石林景区。在“石林胜境”

"阿诗玛"等标志性景点拍照之后，如果想有更多新鲜的视觉体验，大可到其他几处景区看一看，一般游人都不是太多，反而能更清静地享受旅途之乐。

石林景区位于昆明市下辖的石林彝族自治县，当地聚居着彝族支系撒尼人。每年火把节期间，会有热闹的狂欢活动。平日里，也常能在景区里看到撒尼人的歌舞表演。

石林景区（大小石林）

人们通常所说的石林景区，即是这里，实际上它包括大石林、小石林、步哨山、李子园箐和万年灵芝五个片区，深、幽、险、奇是其主要的景观特征。但因为游览面积过于广阔，普通游客往往只看大石林和小石林，这也是整个石林景区最具代表性的区域。

大石林真的是石头的海洋，目及之处皆是高大刚硬的青灰色石峰，最高大的独立岩柱高度超过 40 米。"莲花峰""剑峰池""千钧一发"等知名景观都在大石林。而最著名的"石林胜境"，也就是龙云题词"石林"之处，可能正是你在无数影像资料中见过的石林印象，但如今常常是人山人海、嘈杂喧嚣。上到"望峰亭"，则可以一览大石林的全景。

与高大密集的大石林相比，邻近的小石林便疏朗、秀美多了。伴着芳草绿树，野性的石林竟在这里幻化出园林之胜。到小石林，最不能错过的，就是寻找"阿诗玛"。在一池碧水畔，可以看到一座身材颀长、微微仰首的山峰，好似一位身着传统民族服装、头戴包头、背着箩筐的姑娘，正昂首期盼她的阿黑哥归来……这里也是绝大多数游客都会拍照留影的地方。

步行游完大小石林的主要景点，约一个半小时就够了。当然，如果走累了，也可以走到主干道上，这里会有电瓶车穿梭。

如果还有兴趣，可以去外围的步哨山、李子园箐、万年灵芝看看。这几个片区散落了许多造型有趣的奇柱异石，游客并不密集，反而保留着比较自然的味道。

乃古石林

乃古石林

乃古石林，又叫黑松岩，在当地彝语中，“黑”即被称作“乃古”。这片位于石林景区以北8千米处的乃古石林，其石峰多呈黑色，与石林景区的青灰色色调相比，给人截然不同的古朴粗犷之美。“梁祝相会”“佛手屏”“孔雀开屏”等标志性景观，还算惟妙惟肖，稍加留意就不难辨识。

当地人在乃古石林景区的开阔处遍植鲜花，花海与石林互为映衬，也是乃古石林的一大特色。

长湖

距石林景区26千米处的长湖镇维则村，青山环抱之中有一个水质清澈的溶岩湖，传说是阿诗玛的故乡。整个长湖景区包括独石山、大尖山、蓬莱岛、圆湖等景点，可划船、垂钓、登山、采摘、野营。如果有在石林住宿一晚的计划，在游完石林景区后，到长湖边支一顶帐篷，月夜泛舟，或围着篝火歌舞，可以尽享浪漫。

大叠水

大叠水景区在石林县城西南面的板桥镇境内，距大小石林约27千米。这里主要以观瀑为主。据说大叠水瀑布落差90余米，比贵州黄果树瀑布还要高出18米，水流飞泻，如雾崩云坠，气势磅礴，有“珠江第一瀑”之称。

顺道一游

糯黑石头寨

石林县圭山镇有一个叫糯黑的彝族村寨，因为村里的房子多为石头建造，所以又叫糯黑石头寨。进了山门，一座座石板房错落有致地摆放在山上，偶有牲畜家禽在街上觅食闲逛。踏在糯黑的青石板路上，仿佛进入了一个石头的世界。拿出相机按下快门，不必刻意取景，砌房的青、黄、红各色石板就是完美的景色。

这里至今还保留着原生态的彝族撒

① 彝族刺绣 ② 糯黑石头寨

尼文化，几乎每个月都有节庆活动，要是运气好赶上活动，还能和村民一起跳大三弦舞、霸王鞭舞、叉舞。尤其到了撒尼人最具特色的传统节日密枝节时更热闹。每个村子附近都有一片密枝林，每逢节日，男人们会到密枝林祭祀、野炊，因为山林严禁女人进入，这个节日又被称为“男人节”。

独特的民居建筑以及传统的彝族风俗，吸引着不少学生常来写生，村里有许多农家可以提供食宿。羊肉汤锅、炸腊肉、野蒜洋芋汤、荞粑粑蘸蜂蜜、乳饼、煮土鸡……入夜，品尝着这些风味独特的原生态彝家菜，喝着甜甜的玉米酒，或与年轻的阿诗玛阿黑哥们狂欢，或静静躺在石板房里看风月明星、听松涛虫鸣，都会成为人生中难忘的记忆。

九乡

· 住宿

由于石林景区离昆明市区也就一个多小时的车程，如果只看主要的景点，当日往返时间也会非常宽裕，没有必要在石林住宿。

名称：石林大酒店

地址：石林县城龙泉路 2 号

电话：0871-67798888

起价房型：普通标间

价格：168 元

星级：3 星

九乡

在昆明去往石林的路上，会经过宜良县，这里拥有云南另一个著名的喀斯特景区——九乡。景区内有着上百个大小溶洞，洞内景观独特而又梦幻。

在目前已开放的区域中，荫翠峡景色清幽，可泛舟游览；面积达 1500 平方米的雄狮大厅，是难得一见的异常开阔的地下厅堂，成龙、金喜善等主演的电影《神话》就曾在此洞中取景；雌雄瀑布，在洞内飞流直下，如黄河倒悬；碳酸钙沉积形

雄狮大厅

成的神田，好似乳白色的梯田，配上五光十色的人造光源，使人仿佛置身仙境。

所以，当地有“地上看石林，地下看九乡”，甚至有“不游九乡，枉来云南”的说法。

九乡景区位于宜良县九乡彝族回族乡境内，距昆明约 90 千米，距宜良县城约 40 千米，距石林景区约 34 千米，游完整个景区，两三个小时也就够了，因此可与石林连成一线，规划为一日游线路。

· 知识贴士

喀斯特原是伊斯特拉半岛上一座石灰岩高原的地名，意思是岩石裸露的地方。那里发育有典型的岩溶地貌，由此，“喀斯特”成为岩溶地貌的代称。峰林、峰丛、天坑、石林、漏斗、落水洞等都是地表常见的喀斯特景观现象，而溶洞和暗河则构成了喀斯特神秘而又繁复的地下系统。

中国是喀斯特地貌发育最好的地区之一，也是分布面积最大的国家。2007 年，由云南石林、贵州荔波、重庆武隆组成的“中国南方喀斯特”一期成为世界自然遗产。2014 年，由广西桂林、贵州施秉、重庆金佛山和广西环江组成的“中国南方喀斯特”二期被列入《世界遗产名录》，作为对“中国南方喀斯特”的拓展。一二期共同构成从高原到平原更加完整的系列遗产，集中展示着世界上最壮观、最多样的喀斯特景观。

味道

烤鸭是宜良的代表性美食，看完风景，可以挑一家烤鸭店品尝，价格不贵。

· 医院

宜良县第一人民医院

地址：宜良县匡远镇振兴街 37 号

安宁温泉

到安宁泡温泉，是许多昆明人假日休闲的一大乐事。

温泉许多地方都有，而安宁温泉相传早在东汉时期就已被发现。这里四季的水温均在 42℃到 45℃之间，硫黄味少，加之地处山麓河畔，环境清幽，历来被视为休闲养生的理想去处。有的露天汤池被绿树簇拥，人在水中，如浸山林，闭眼能感受微微的山风拂面，睁眼则可仰望碧空或群星满天。明代大旅行家徐霞客曾赞誉“余所见温泉，滇南最多，此水实为第一，不可不浴”。明代诗人杨慎也称赞这里为“天下第一汤”。如今，“天下第一汤”的石刻还能在安宁温泉宾馆内看到。

安宁在昆楚高速公路沿线，距昆明主城区仅 28 千米，是名副其实的昆明后花园。不管是在昆明游玩之后专程去泡，还是往返昆明与楚雄、大理、丽江时顺道前往，一泓温泉水足以洗去风尘，让人身心俱爽。

石江书院

安宁温泉聚集的螳螂川一带，春天的油菜花海和夏天的向日葵花海美不胜收，为这里赢得了“金色螳川”的美誉。每年花开时节，无数游客都会慕名前来赏花拍照。温泉镇上的曹溪古寺也是当地一处小景。

顺道一游

石江书院

100多年前，它被称为道观，隐藏在古树翠竹之间。如今，它被修缮如旧，取名石江书院，承载着世人想要归隐山野的渴望。它在安宁市县街镇石江村，距安宁城区仅有6千米，但并不为太多人所知。即便是安宁本地人，想找到它也要颇费一番工夫。可只要迈入书院大门，幽幽古意和虫鸣鸟叫的自然之趣便会扑面而来。无论是品茶，还是耕读，抑或是欣赏书法，听听古琴，都满含浓浓的传统文化韵味。

· 住宿

名称： 温泉宾馆

地址： 温泉镇碧玉路1号

电话： 0871–66252188

起价房型： 普通标间

价格： 580元（平日）、680元（周末）

名称： 天下第一汤

起价房型： 普通标间

价格： 188元（平日）、208元（周末）

石江书院

02

昭通

昭通并不是云南旅游的热门地区，加之地处滇东北，远离传统的黄金旅游线，所以常常被忽略。但云南、四川、贵州三省交会的这方咽喉重地，确实人杰地灵、历史厚重、景观独特。

很多人可能想不到，毛泽东那句著名的“乌蒙磅礴走泥丸”，写的正是昭通一带。与苍茫群山相伴相生，昭通人性情彪悍、有勇有谋，跟外界对云南人性情温润的印象迥然不同。抗日名将罗炳辉，爱国将领龙云、卢汉，国学大师姜亮夫，当代英雄徐洪刚等一大批雄才俊杰，皆出自昭通。

近几年，因为大山包的黑颈鹤，昭通开始受到游客的关注。全国品质最优的野生天麻的核心产区，也在昭通。但更多美景，至今仍隐匿于滇东北的群山中，等待游客的发现。虽然目前昭通对外地游客的吸引力不大，但如果你正好驾车经由昭通，往返滇川或滇贵两地，沿途倒有不少有趣的地方，值得稍作停留。

大山包・黑颈鹤

大山包

距离昭通市区约 80 千米的大山包，拥有广袤的高山沼泽草甸湿地。因为黑颈鹤，大山包成了昭通最值得推荐的热门景点。这里是全国最大的黑颈鹤越冬栖息地之一，每年都有上千只黑颈鹤飞来越冬，引得不少摄影爱好者前来观鸟拍鸟。大山包鹤翔于天、声闻于野的奇景，正逐渐为世人所知。

黑颈鹤是国际公认的珍稀濒危动物，也是世界上唯一生长、繁殖在高原的鹤类。根据科研人员的测算，全球黑颈鹤的数量在九千只左右，被誉为“鸟类大熊猫”。

每年 10 月末，黑颈鹤便成群结队地从青藏高原来到大山包过冬。11 月中下旬，黑颈鹤越聚越多，秋收过后地里遗落的粮食不够吃了，当地鸟类观测站聘请的护鹤员，便每天中午吹起哨子，为黑颈鹤投食。刚开始，黑颈鹤的警惕性还很高，有人稍微走近便会迅速飞走。后来黑颈鹤发现游人无害，甚至会主动走到观鹤长廊前七八米的地方，跟喜爱它们的游客来个令人惊喜的“亲密接触”。

从此时到次年的 3 月末，便进入了观鹤的最佳时期。在大海子、跳墩河等黑颈鹤较为集中的地方，你常能看到这些精灵或在雪中漫步，或在水边嬉戏，或迎着

大山包·鸡公山

朝阳飞舞。此外，还有斑头雁、赤麻鸭、绿头鸭、普通秋沙鸭等禽鸟云集于此，与黑颈鹤一起翩飞徜徉。

当然，大山包并不是只有鹤。四月以后，漫山遍野的繁花竞相绽放，层层叠叠，色彩斑斓。秋冬时节，碧空如洗，沼泽湖泊，星罗棋布，宛若世外桃源。

如今，越来越多的摄影友人每年都会多次前往大山包。他们说，每次去都能发现被掩藏的美。大山包的气候变化快，即使每天去，不同的时间也会有不一样的美景。尤其是云海翻腾最为波澜壮阔，一年四季都有机会拍到。

来到地处乌蒙山区的大山包，你还可以登临三面绝壁的鸡公山，体验绝对高度达 2000 多米的绝壁峡谷带来的震撼。对于普通游客来说，晨起观日出，看鸡公山在云雾缭绕中若隐若现，或傍晚等日落，赏万道霞光将绵绵群山尽染，已足够令人惊叹。近年来，鸡公山又开发了翼装飞行等极具挑战性和观赏性的极限运动。但这是勇敢者的游戏，如果你正好赶上翼装飞行表演，别吝啬为他们加油鼓劲儿。

大海子

大海子水库位于大山包保护区北部，是黑颈鹤最多、观察角度最好、观察距离

最近的地方。四周的山坡使大海子形成一个盆地，非常适合黑颈鹤生活。湿地内的小鱼小虾，以及周边草场农田中的大量昆虫、草根、残余农作物等，又为黑颈鹤提供了充足的食物。这里还建有黑颈鹤监测屋、黑颈鹤研究观测隧道，只要准备好简单的望远镜，就有机会近距离清楚地看到黑颈鹤优雅的身影。

跳墩河

跳墩河水库位于大山包保护区西部，是大山包最大的湿地，也是黑颈鹤重要的夜宿地和觅食地。这里的观鹤环境虽不如大海子，但库区内泉眼密布，流水潺潺，湖光山色与草甸花丛交相辉映，成为夏季人们赏景、露营的绝佳选择。

仙人田

仙人田位于大山包保护区西北，拥有近乎完美的高山草甸风光。有人惊叹在这广袤而高寒的天地里，竟有万亩草场春绿秋黄。静静地躺在草甸上，枕着习习凉风，沐浴着金色阳光，仰望蓝天上被风揉碎的点点白云，人人都可以过一把神仙的日子。

鸡公山

如果你想体会乌蒙有多么磅礴，从跳墩河大坝往西行 1 千米，就到了鸡公山。鸡公山三面绝壁，雄奇险秀，峡谷海拔垂直高差达 2000 多米。站在山顶俯瞰，层峦叠嶂，巍峨壮观，如果赶上云雾翻腾，会显得更加气势恢宏。能见度好的时候，站在峡谷边，可以远眺“滇东北第一峰”——海拔约 4041 米的巧家药山。

昭阳城区

昭阳区是昭通的市区，历史上，也曾因“锁钥南滇、咽喉西蜀”的重要通道地位而商贾云集、会馆林立。老城区中心的昭阳古城，始建于清雍正年间，近年来经过复建，成为目前最具规模、最集中反映昭通历史文化的传统风貌区，也是城中为数不多的景点。民国年间建成的西式过街

昭阳古城

楼、国学大师姜亮夫故居、辕门口，以及弯弯拐拐的青石板小巷，都能在古城中寻到。

而城郊的永丰镇簸箕湾、绿荫塘，彝族爱国将领龙云、卢汉为祭祖所建的龙氏家祠和卢氏家祠，都相距不远。两座祠堂都始建于 20 世纪 30 年代，大量精美的木雕、砖雕、石雕保存至今，成为展示昭通彝族文化的重要景点。

除此之外，如今的昭阳城区经过拆拆建建，特色缺失，已与其他中等城市没有太大差别。不过，吃饭、住宿、交通都比较方便，无论是前往大山包，还是经由滇东北进入四川、贵州境内，都可以将这里当作中转站。

• 最佳旅游时间

11 月中下旬直到次年 3 月末，都是前往大山包观赏黑颈鹤的好时候。但入冬以后的昭通天寒地冻，并非人们印象中云南四季如春的模样，所以出行要注意防寒保暖。夏季比较凉爽，适宜避暑。

• 住宿

名称：昭通江山大酒店

地址：昭阳区海楼路中段，近昭通市中医院、昭通市客运站

起价房型：豪华标间

价格：358 元

星级：4 星

名称：昭通富松大酒店

地址：昭阳区金鹰大道 8 号（际桓国际商贸城 A1 栋），近汽车客运站、高速路口

起价房型：行政标间

价格：219 元

星级：4 星

名称：宽窄巷子花园酒店

地址：昭阳区昭阳大道 317 号

电话：0870–2222520

起价房型：普通标间

价格：148 元

• 医院

昭通市第一人民医院

地址：昭阳区医卫路 35 号

彝良小草坝

小草坝位于彝良县城东北方向32千米，是一片由森林、繁花、溪流、奇峰、瀑布等组成的自然美景。由于相对偏离交通主干道，这里至今保持着原初的样貌，算是隐藏在滇东北的一处秘境。春赏花，夏观瀑，秋有红叶，冬踏雪，一年四季都有迷人的景致。尤其是大大小小、数不胜数的飞瀑，更是小草坝的标志性景点。它们冲破原始森林的包围，从高高低低的山峦草树间奔流下来，让寂静的山谷变得喧嚣而又生动。

金秋，是小草坝最美的时节，以红叶为主打的秋景婀娜多姿，如梦似幻。这里有上千种植物，包括珙桐、水青树、椴木、红豆杉等珍稀植物。不同的植物，树叶变色的时间、进度不同，从而形成五彩斑斓的色块，或层林尽染，或一山红遍。

味道

昭通是世界天麻原产地，最好的天麻就产在小草坝，每年都会有大量客商前来采购。来到这里，饮的是天麻酒，喝的是天麻汤，吃的是或凉拌或清炒的野天麻，想想都是一件美好的事。

顺道一游

彝良还是抗日名将罗炳辉将军的故乡。县城西侧的将军山上，有罗炳辉将军纪念馆；距县城约5千米的角奎镇偏坡寨，还有罗炳辉将军故居。如果有兴趣，也可以顺道参观。

小草坝

①盐津豆沙关 ②僰人悬棺 ③ 秦五尺道

盐津豆沙关

豆沙关曾是古代滇川要道上的交通要冲，如今，修葺一新的豆沙古镇成为当地的一处旅游景点。千百年风雨后，依然可以在豆沙镇见到秦五尺道的遗存。更令人称奇的是，站在五尺道旁，遥望关河对岸的石门绝壁，能轻易发现掩藏其间的僰人悬棺。

僰人的悬棺葬俗称“挂岩子”，即把棺木置于几十米高的悬崖峭壁上，是古代川南一带僰族的葬制。然而，僰人为何要采取这样的丧葬方式，他们又是如何将棺材悬挂到绝壁上去的，至今仍是未解之谜。

那个史称“僰人”的神秘民族，早在先秦时期就已经生活在中国的西南了。他们把自己的历史赋予高岩，却又突然消逝于历史的长河之中，引发今人无限的沉思与遐想……

如今游客来到僰人曾经生活过的豆沙镇，不仅可以着僰人服装，骑马重游五尺道，还有机会看到豆沙古镇独创的僰人舞。

目前，豆沙镇上的旅游接待设施渐趋完善，大小客栈，各式餐馆、茶舍、酒吧、商铺林立，猪儿粑、桐子粑、花糕等极具滇东北特色的民间小吃令人垂涎，慕名而来的游客逐年增多。但整个景区游览面积并不大，专程前来旅游可能不是很划算。如果你正好经由昭通前往四川宜宾方向，豆沙镇算是这一路最大的亮点。

豆沙古镇

豆沙古镇位于盐津县西南部，距县城 23 千米。一条青石板铺就的小街，长 840 余米、宽约 9 米，宁静祥和，沧桑悠远。街道两旁现存清代、民国等民居建筑上百间。最早的房屋建于清康熙三十六年（1697），距今已有 300 余年的历史。

坐落在古驿道上的豆沙镇，自古商旅往来频繁，不同的风俗在这里保留，不同的文化在这里传承。古镇汇聚了云南、四川、贵州、湖南等地的生活习俗，尤以受四川文化影响的豆沙老茶馆最具特色。古朴的茶馆里，高板凳、四方桌、青花茶碗、满屋的茶香，让人感觉仿佛置身于 20 世纪的川北小镇。

秦五尺道

公元前 3 世纪，秦国占据巴蜀后，秦蜀守李冰采用积薪烧岩之法，修筑了从僰道县（今四川宜宾）经豆沙到千倾池（今云南昭通）的第一条内地入滇通道——僰道。秦朝建立后，又在僰道的基础上，将路延伸至建宁（今云南曲靖），道宽五尺，故称“五尺道”。南来北往的马帮促进了云南与四川乃至整个中原地区的物资往来。五尺道旁的豆沙镇，极盛时期每天有数千匹乌蒙马往来穿行。

如今，豆沙镇尚存五尺道约 350 米长、1.7 米宽，是秦五尺道上保留最长、最完好的一段古驿道。上面留有 243 个斑驳的马蹄印迹，似乎还能从中听到当年山间马帮的铃响。

在五尺道不远处，古老的关河水路，以及后来兴建的内昆铁路、滇川公路、水麻高速公路、航空走廊，并行逶迤，形成“一眼观六路”的独特交通奇观。

袁滋摩崖碑刻

唐贞元十年（794），御使中丞袁滋奉命赴滇，册封异牟寻为南诏，为记其行，特摩崖题记于此。这块长 44 厘米、宽 36 厘米、共 122 字的摩崖碑刻，有着“维国家之统，定疆域之界，鉴民族之睦，补唐书之缺，正在籍之误，增袁书之迹”的重大历史作用，已被列为全国重点文物保护单位。

顺道一游

在昭通市区与盐津豆沙关之间，大关黄连河风景区有大小瀑布 47 处，享有“瀑布之乡”的美誉。再往北去，可以到水富县的西部大峡谷泡泡温泉。如果将这几处既在高速公路沿线又有意思的小地方串连成线，定会给你前往四川宜宾的旅途增添不少乐趣。

• 医院

盐津县人民医院

地址：盐津县坪街 87 号

扎西会议会址

说起云南东北角的威信县，名气不算大。但 1935 年 2 月，红军长征途经此地，中央政治局在此召开的扎西会议，却是具有重大历史意义的。如今，扎西会议会址（包括庄子上会议会址）和扎西红军烈士陵园都是爱国主义教育基地。扎西会议会址原为江西会馆（又称江西庙）和湖广会馆（又称禹王宫），是古色古香的木结构建筑，如今都按历史原貌陈列，常年对公众开放。

• 住宿

名称：威信香山大酒店

地址：威信县扎西镇九龙路 116 号，近第二幼儿园

起价房型：普通标间

价格：140 元

星级：3 星

名称：威信铂金文化大酒店

地址：威信县扎西镇环城西路 168 号，扎西盛景小区旁

起价房型：行政标间

价格：226 元

星级：3 星

扎西会议纪念馆

03

曲靖

许多游客到曲靖，只为罗平的油菜花海。其实，曲靖可游可玩可赏的地方不少，但除罗平外，普遍小而分散，在路上需要耗费不少时间，常常给人不是太值的感觉。好在交通也算便利，如果路过，顺道一游还是会小有收获。

曲靖陆良的彩色沙林，与石林、元谋土林并称云南“三林”；曲靖会泽有大量明清古民居、会馆建筑群，磅礴的乌蒙山、翩跹的黑颈鹤，成为吸引你来观赏游玩的理由；曲靖还是珠江的发源地，前往马雄山麓寻访珠江源头，也是一种奇妙的体验……

如果你是吃货一枚，曲靖也不会让你失望。大名鼎鼎的宣威火腿、名振滇中的沾益辣子鸡……保管让你停不下嘴。

金鸡峰丛

罗平

许多人说，在罗平，你能看到中国最美的春天！

每年春节前后，当北方还在瑟瑟北风里时，罗平却已经花开成海。你可以想象，一座县城“沦陷”在80万亩连片怒放的油菜花海中，会是何等壮观的景象——漫山遍野，流金溢彩，村舍、道路、河流、山峦皆汇入花海，一望无际的金黄绵延数十里。

要说中国能赏油菜花海的地方一抓一大把，罗平的独特之处在于，这里的油菜花是当地农民自发种植的，少了刻意雕琢的痕迹，油菜花海随着地势起伏，铺天盖地生长，宛若自然天成。再衬以此起彼伏的喀斯特锥形山，着实当得起“世界上最大的天然花园”之美誉。

更令人欣喜的是，罗平坝子的锥形山都不太高，轻松登上山顶，花海与群山交织的壮丽景致便可一览无余。尤其是清晨，天还没完全亮，金鸡峰丛的多个山顶就会早早地挤满人，他们拿着手机或者各式“长枪短炮”，守候着晨光将薄雾缭绕的花海照亮。

等到太阳出来，春光和暖，四散在油菜花海中的游人便会渐渐多起来，但你仍然可以随心而行，细细品味触动内心的美景。金鸡峰丛景区主要是平坝花海和峰林叠加；牛街螺丝田则是梯田花海，层层叠叠，蜿蜒起伏……罗平的油菜花海不设围栏，全天候免票，你不用那么赶时间，可以让步子慢一点儿，全身心地沉浸其中。

看罢油菜花海，罗平还有九龙瀑布群、多依河、鲁布革小三峡等，都是游客青睐的地方。尤其是九龙瀑布群，2005年被《中国国家地理》评为“中国最美的六大瀑布”之一，如今已成为罗平的标志性景点。加之罗平与贵州、广西山水相连，居住着彝、布依、苗等少数民族，在这里畅游时，可能一个拐弯，你就会邂逅身着民族服饰的村民。如果想要拍照合影，请事先征得人家同意。

下一个春天，花开好时，你会和谁一起去罗平，共享浪漫春光呢？

油菜花海

「金鸡峰丛」

罗平油菜花海的核心景区，也是罗平最出名的观景点。站在山顶远望，无数锥状的小山丛，错落有致地点缀在漫无边际的油菜花海间，蔚为大观，又不失灵秀。若赶上起雾，飞云漫铺，群峰浮动，更是绝美的天然画卷。

金鸡峰丛位于县城东北 12 千米处，324 国道旁，交通十分便利。可在罗平汽车站乘坐罗平至金鸡专线车直达，也可乘坐罗平至板桥线路车在金鸡村下。

「牛街螺丝田」

位于县城西北 10 千米处，属喀斯特岩溶地貌梯田景观。不同的季节人们会种植不同的农作物，从而呈现不同的色块，远远看去像是螺丝上的旋纹。每年二三月间，油菜花绽放时，好似无数金龙环绕盘卧，是罗平又一个容易出经典照片的标志性拍摄地。

可在罗平汽车北站乘坐罗平至马街、九龙的客运专线车，在牛街下。

「十万大山」

十万大山由成片石灰岩山峰组成，形态各异，奇特挺拔，规模宏大，集中分布在县城东南部的罗雄、板桥、旧屋基、大水井、鲁布革等乡镇，面积达数百平方千米。但目前尚未深度开发，交通还有些不便，适合自驾。也可以安排与多依河连成一线游。

九龙瀑布群

位于罗平县城东北方向约 22 千米的九龙河上，分十级跌落，各级瀑布高低宽窄不等，瀑姿各异，或雄浑，或险峻，或秀美，或舒缓，美不胜收。其中，最大的一级称“神龙瀑”，落差达 56 米、宽 112 米，丰水季节，瀑流似天河泻落，雾气升腾，雷霆万钧，在数里之外都能听到水流扑落的巨响。

① 牛街螺丝田 ② 九龙瀑布群

布依族绣女

每年农历二月二对歌节，附近村寨的布依、彝、水、壮等各族青年会盛装云集于此，对歌择偶，热闹非凡。

多依河

位于滇黔桂三省区交界处，从多依寨至“鸡鸣三省”的三江口，全长 12 千米的河床上有近 40 个瀑布。河两岸古树盘根错节，色彩丰富；无数钙化漫滩层层叠叠，错落有致。布依村寨沿河而布，吊脚楼隐现在树丛竹林之间。

游览多依河，可以沿河岸步行、骑马，也可以乘坐竹筏和橡皮艇。泛舟河上，可谓“人在画中游”。

鲁布革小三峡

位于云贵两省界河——黄泥河上，离多依河不远。景区全长约 20 千米，由雄狮峡、滴灵峡、双象峡组成，两岸青山隐隐，壁立千仞，游客以乘船观赏两岸峡谷风光为主。明代大旅行家徐霞客也曾到过这里，在穿越黄泥河大峡谷时描述：“破崖急涌，势若万马之奔腾……”

• 住宿

罗平旅游的季节性比较强，春节前后观赏油菜花时，酒店房间会比较紧张，房价也会有所上涨，最好提前预订。

名称：罗平花语堂精品人文客栈
地址：罗平县花海大道花海驿旅游小镇 12 栋，近鲁布革大道
起价房型：庭院美景双床房
价格：298 元
星级：3 星

名称：罗平云之梦酒店
地址：罗平县罗雄镇腊山路与永康路交叉口，近罗平县工商局

起价房型：豪华标间
价格：289 元
星级：4 星

名称：罗平航空房车国际露营地
地址：罗平县菜花节主会场西侧，近 014 乡道
起价房型：木屋标间
价格：199 元
星级：民宿

名称：罗平湖苑精品酒店
地址：罗平县布依风情园 74 幢，近 324 国道
起价房型：豪华湖景双床房
价格：128 元
星级：民宿

• 医院

罗平县人民医院
地址：罗平县九龙路 32 号
罗平县中医院
地址：罗平县红星街

• 实用

罗平县散客接待中心
电话：0874-8212898
罗平县旅游局
投诉电话：0874-8214876

会泽

会泽是历史文化名城，因盛产铜，而享有“天南铜都”“钱王之乡”的美誉。

会泽铜在历史上到底有多重要呢？经考证或资料记载：商代殷墟妇好墓中青铜器的材料，源于会泽；东汉闻名遐迩的“堂琅铜洗”，造于会泽；两晋时期的白铜工艺，创于会泽；世界之最的钱王“嘉靖通宝”，铸于会泽……明清时，会泽每年要向京城供应 600 万斤滇铜用于铸币。

铜业贸易的兴盛造就了会泽的繁荣，“五方杂聚，百物竞流，商贾辐辏，酒旗茶旌，辉映相望”，使偏居滇东北一隅的小城“俨然一都市”。

从目前保留下来的诸多明清古民居和会馆建筑群中，还可一窥会泽历史上的热闹兴盛。重角叠翼的门楼戏台，镂空雕花的槅子门，重檐八角半边楼的亭子，黑亮如镜、人影可鉴的墨古供桌……无不记录着昔日十省八府商民涌入会泽采办京铜的辉煌。即使如今散落于会泽街头巷陌中的普通古民居，也座座雕梁画栋，家家锦窗绣牖，文化底蕴厚重。

如今，八大会馆已成全国重点文物保护单位，江西会馆、湖广会馆等已经修复开放。但可能因为交通不方便——会泽距离曲靖市区和省会昆明都在 200 千米以上——游客并不是太多，商业气息也还不

是很重，会泽古城还没有沦为千篇一律的“仿古商业街”。当地人柴米油盐的生活，充满了烟火气，让人倍感亲切。

此外，地处乌蒙山区的会泽，拥有大海草山、雨碌大地缝、以礼河等山水风光，尤其是大桥乡的跃进水库，也就是游客口口相传的念湖，每年 11 月到次年 3 月，也会有黑颈鹤飞来越冬。但要去这些距离县城较远的景点，交通同样不是很方便，比较适合自驾游。

会泽古城 · 江西会馆

会泽古城

会泽古城是如今县城所在的金钟镇内一片传统街区，沿东西、南北走向的十字形主街，衍生出深浅各异的大小巷陌，各式明清宅院和会馆散布其间，成就了今日会泽古城“清代古建筑博物馆”的美名，其中以江西会馆、湖广会馆最具代表性。

「江西会馆」

又名万寿宫，俗称江西庙，系江西商民所建的同乡会馆，始建于清康熙五十年（1711），由门楼戏台、正殿、后殿、东西跨院等建筑组成。其中，门楼戏台最具特色，42 只翼角如仙鹤展翅，凌空飞翔，使整座戏台巍峨壮观、气势恢宏。

「湖广会馆」

又称寿福寺、东岳庙，系湖南、湖北、广东三省商民共建的同乡会馆，始建于明末清初，由山门戏台、前殿、中殿、后殿及东西偏殿等建筑组成。各殿的镂空雕花槅子门，全部采用整块樟木镂空透雕，人物形象，栩栩如生；飞禽走兽，呼之欲出；花草鱼虫，几可乱真。

此外，始建于清康熙六十年（1721）的会泽文庙，始建于清同治六年（1867）的唐继尧故居等，也位于会泽古城内，并不难找。

娜姑镇白雾村

娜姑镇之名，原为彝语“纳姑”，意为“黑色的土地”或“黑色的坝子”，距会泽县城 32 千米，为省级历史文化名镇。

但目前，镇政府所在地是新建的娜姑镇，而真正的娜姑古镇，是坝子东南端安静的“国家级历史文化名村”白雾村。这里曾是清代运铜进京经停的第一个驿站，如今保留有寿福寺、财神庙、三圣宫、古戏台、天主教堂等古建筑，形成了别具一格的“铜商文化”古镇风貌。

大海草山

位于会泽县西南部，景区海拔 3300 米以上，其中，牯牛寨海拔 4017.3 米，是乌蒙山系云南段最高峰。景区连绵数百座草山，20 万亩草场。有人说，来到这里，便很容易读懂“草色遥看近却无”。各色山花点缀其间，潺潺溪流千回百转，成群的牛羊悠闲踱步，成就了大海草山与香格里拉草甸齐名的“七彩草毯”。

每年四五月间，山花烂漫，大海草山进入一年中最好的游览季节，可以骑马、露营，也可以懒懒地散散步、发发呆，看大山空旷、草海无垠、蓝天辽远、白云悠悠，恍如置身仙境，俗念俱消，宠辱皆忘。

大桥乡念湖

念湖位于会泽县大桥乡，又名“跃进水库”。2008 年年初，《驴友空间》的一名网友无意间发现了这个醉人心灵的地方，因为思念一个人，便把这里叫作“念湖”。

每年 11 月前后，大批黑颈鹤、灰鹤、斑头雁、黄鸭等会飞到这里越冬，直至次年 3 月以后陆续离开。入冬之后来这里，可以看到黑颈鹤曲颈向天，呼朋引伴；灰鹤单腿独立，悠然闲适……这些大自然的精灵在广袤的天地间，或奋飞向上，或翩然而下，格外动人。

以礼河

原名“以尼河”，出自彝语。“以”

大海草山

为水，“尼”为柳，即河边插柳的意思，故又称“柳树河”。以礼河发源于会泽县待补镇的野马川，沿途汇集鹧鸡河、咩则河和待补河，最后汇入金沙江。

由于河床高差悬殊，整条河流跌宕起伏，蜿蜒多姿，时而飞湍瀑流，时而静如处子。夹岸绿杨垂柳，奇峰耸峙。下游水库水清如镜，山光树影，倒映其中，亦幻亦梦。

雨碌大地缝

位于县城东南 60 千米处的雨碌乡，以奇、险、幽、深、秀著称。大地缝，实际上是一条长 10 余千米的幽深峡谷，最宽处不过 20 余米，最窄处仅 1.4 米。峡谷内，壁立千仞，藤萝杂生，飞瀑流泉，巨石横陈，可以沿着栈道细细品味。

味道

会泽人爱吃羊肉，清汤羊肉配上香辣蘸料，在寒冷的冬天倍觉温暖。以会泽优质黑羊作原料，采用蒸、煮、炒、炸等烹饪技法制作的羊八碗，包括羊干巴、葱芫杂碎、黄焖羊肉、糊辣炒肝等，更是当地的招牌菜。

· 住宿

名称：会泽朴宿酒店

地址：会泽县通宝路实验高中旁，近润泽苑小区

起价房型：特价双床房

价格：148 元

星级：3 星

名称：会泽会馆

地址：会泽县翠屏直街延长线瑞祥路交界口，近会泽客运站

起价房型：标间

价格：156 元

星级：4 星

陆良

陆良，传说是三国时期南方少数民族首领孟获的故乡。陆良坝子，开阔平坦，号称云南第一平坝。

游人来陆良，主要是奔着彩色沙林而来。在陆良县城东南约 18 千米处，红、黄、白、黑等多种颜色的沙子，坚硬结实，自然形成沙柱、沙屏、沙塔、沙群、沙洞等独特造型，在不同的季节、气候及光照条件下，会呈现出迥异的七彩色调，令人流连忘返。这一自然奇观形成于 3.4 亿年前。2001 年以来，这里每年都会举办国际彩色沙雕比赛，色彩斑斓、形态各异的彩色沙林正吸引着越来越多的游客和沙雕艺术家前来游览创作。

在前往彩色沙林的途中，会经过一个叫薛官堡村的地方。不起眼的小村子里，藏着国之瑰宝——大爨碑，其全称是“宋

陆良彩色沙林

故龙骧将军护镇蛮校尉宁州刺史邛都县侯爨使君之碑”，是南北朝时为纪念官员爨龙颜而立，因此也叫爨龙颜碑，至今已有1500多年历史。

喜欢书法的人会对这块碑格外钟情，因为碑文字体是介于隶楷之间的“爨体”，笔力雄强，结体茂密，运笔方中带圆，笔画沉毅雄拔。康有为曾称赞它为“神品第一”。现在，爨体字依然被许多书法爱好者所喜爱。目前还能在曲靖、昆明等不少地方看到用爨体书写的文字。

而在曲靖市区的曲靖一中内，还有一块小爨碑，全称是“晋故振威将军建宁太守爨府君墓碑”，与爨龙颜碑并称“二爨”，但目前游客不能入内参观。

• 住宿

名称：陆良隆盛大酒店

地址：陆良县西华路与政通路交叉口（康隆新州），近公安局

起价房型：行政标间

价格：186 元

星级：3 星

名称：陆良圣邦大酒店

地址：陆良县西华路西华公园旁，近陆良县林业局

起价房型：市景标间

价格：198 元

星级：4 星

宣威

到宣威，地道的宣威火腿是你绝对不能错过的美味。它是“云腿”中最著名的品种，深得食客喜爱。

地处滇东北、云贵交界处的宣威，冬季寒冷，适宜腌制腊肉。一只上好的宣威火腿，采用当地特有的乌蒙猪制成，瘦肉呈艳丽的桃红色，肥肉则是半透明的乳白色，皮薄肉厚，香气浓郁，咸淡适中。孙中山先生曾为其题词“饮和食德”，对它颇为赞赏。

20 世纪 20 年代，一个叫浦在廷的宣威人，率先创制了地方特产——宣威火腿罐头，并努力把宣威火腿及其罐头制品推向世界。浦在廷就是邓小平夫人卓琳的父亲，卓琳是宣威人，原名浦琼英。

如今，位于宣威市区西城下街 27 号的浦在廷故居，经过修缮已对公众开放。故居占地 1500 平方米，为汉式民居住宅。

宣威浦在廷故居

• 住宿

名称：宣威尚亿酒店

地址：宣威市环城路与振兴路交叉口，近美奂枫景小区

起价房型：普通标准间

价格：139 元

星级：4 星

名称：宣威美奂酒店

地址：宣威市振兴街北段，近东过境公路

起价房型：普通标间

价格：179 元

星级：4 星

珠江源

珠江源景区位于距沾益城区约 50 千米的马雄山麓，是世界上罕见的能够驱车抵达的大江大河源头。

据考证，徐霞客曾两次与沾益结缘，并在《盘江考》中明确珠江正源在马雄山东麓。如今，来到珠江源景区，可以看到两个洞口流水潺潺，这里即是珠江之源。林木葱茏、溪流淙淙，总能引发人们饮水思源之情。

春夏时节，马雄山麓漫山遍野的古杜鹃花竞相绽放，花色各异，形态万千，常吸引不少游客前来踏青赏花。

04

文山

前几年《爸爸去哪儿》热播，让普者黑火了一把，文山的美景由此开始进入更多游客的视野。

文山地处滇东南，东邻广西百色，南与越南交界，既有喀斯特地质精华，又有壮族、苗族等民族风情，著名的“老山主峰”也在文山境内。但过去由于路途遥远，许多景区未能得到开发或广泛宣传。除了普者黑，文山能拿得出手的风景依然不是太多。

这里更有名的一个称谓是“三七之乡”。三七是云南白药的主要成分之一，具有活血化瘀、消肿止痛、补血强身等功效。不少云南人在吃汽锅鸡时，也有加三七粉的习惯。文山种植三七的历史已有数百年，文山三七品质上乘，去文山时不妨带一些回家。

壮族姑娘

普者黑

普者黑无疑是文山最有名的景区，尤其是每年夏天荷花盛开时，更是游人如织。

“普者黑”，彝语意为“盛满鱼虾的湖泊”。景区总面积达到300平方千米，为喀斯特岩溶山水田园景观。这里湖泊连片，山峰错落，湖光山色，浑为一体。山中，溶洞群密布，千姿百态；水中，6月到8月间，荷叶遮天，莲花盛放，把整个湖区装点得格外美丽。

其中，以普者黑湖、仙人洞湖、蒲草塘、落水洞湖等组成的核心区内，游客最为集中。可以登上山顶，俯瞰湖山美景，也可以泛舟湖上，观景、打水仗。看累了玩累了，就在湖边寻一处农家，感受古老的民族风情，品尝地道的彝家风味。整个行程按两天一晚规划，能玩得比较尽兴，又不会太过匆忙。

普者黑湖

位于普者黑村西，南接仙人洞湖，北连落水洞湖，湖岸孤峰耸峙，形态各异，山光水色，美不胜收。湖内盛产鲤鱼、草鱼和鲫鱼。湖中的月亮岛，为理想的露营地。

普者黑

蒲草塘

普者黑核心景区的一部分，以蒲塘秀色闻名。湖体北端有河流与仙人洞湖相连，四周峰林、孤峰倒影如画。夏季，荷花满塘，景色十分秀丽。

仙人洞湖

位于仙人洞村西北，湖体北端与普者黑湖相接，波光之下，水草荡漾，鱼虾成群。湖岸边，孤峰林立，抬眼可见“雄狮伏波”“仙女卧波”等山水奇景。荡舟湖面，如在画中。

青龙山

位于普者黑湖区中央，高出湖面 100 余米，沿着石板路登顶之后，普者黑美景便可尽收眼底。网上流传的许多普者黑全景美图即是从此处拍摄的，许多游客都不会错过这里。而山体内，还有火把洞、月亮洞、观音洞等溶洞，也可以游览。

普者黑村

位于普者黑湖东侧，普者黑景区之名即来源于此。《爸爸去哪儿》中的萌娃和老爸们就是住在这个村子里，因此引得不少粉丝慕名而来。这里有乡野田园风光，也有炊烟袅袅的农家生活，可以选择在此住宿，有不少丘北名吃、彝家风味在等着你。

仙人洞村

到仙人洞彝族文化生态村，可以领略到彝族支系撒尼人传统的民俗风情，还有撒尼舞蹈、古曲古调表演。村中的仙人洞内，石钟乳、石柱、鹅管等琳琅满目，千姿百态。村里还有农家乐，可以品尝彝家特色菜。

· 最佳旅游时间

每年6月到8月，万亩荷花盛放，是普者黑最美的季节，也正适宜乘船游湖、打水仗等水上娱乐项目。官方组织的普者黑“花脸节”也会在7月举行，游客可与当地彝族同胞互抹花脸，共庆佳节。但此时，也是物价最高的旅游旺季，准备好钱也很重要。

· 民俗节庆

「花脸节」

“花脸节”是文山州丘北县彝族群众的传统节日，沿袭至今已有1000多年的历史。古时，当地人主要用锅底烟灰把脸抹黑，以此来“驱魔除害”、相互祝福，也表达爱慕之情。现在主要用香米稻草制成的黑灰抹身边人的脸，以此表达“抹黑全身、吉祥一生”的良好祝愿，抹得越黑越幸福。

· 交通

到普者黑最便捷的方式，是乘坐2016年底开通的云桂铁路动车，从昆明南站出发，最快1小时7分钟就可到达普者黑站。昆明东部汽车客运站每天也有班车去往丘北，再中转去普者黑，但比较麻烦，耗时也更长。文山普者黑机场距离普者黑景区有80千米左右，航班不多，目前是早晚各有一个往返航班。

· 住宿

到普者黑，景区内的客栈、宾馆自然是最佳选择。如果赶上旺季，住宿紧张，也不妨考虑丘北县城的酒店。从县城到景区十多千米距离，可能性价比会更好。

· 住宿

名称：普者黑雅贝精舍酒店

地址：普者黑情人桥

起价房型：鸟语花香湖景豪华标间

价格：299 元

星级：4 星

名称：普者黑云水居客栈

地址：云上水乡项目区 13 号、14 号

起价房型：静雅标间

价格：558 元

星级：4 星

名称：普者黑沽月精品湖景客栈

地址：双龙营镇普者黑村一路 72 号

起价房型：船歌田园观景房

价格：458 元

星级：4 星

名称：普者黑遇见客栈

地址：仙人洞村（离仙人洞景区 50 米）

起价房型：精致双床房

价格：358 元

星级：4 星

名称：普者黑本千谷隐酒店

地址：双龙营镇小寨子西北区 62 号

起价房型：舒适特色房

价格：448 元

星级：3 星

广南八宝

广南

在驴友圈里，广南一度很受追捧。

位于广南县城以北 43 千米的坝美，与陶渊明在《桃花源记》中描绘的美景颇为相似。游客向往这里，几乎全是奔着这种有趣的体验而来——进村必须坐船穿过幽长的水洞，光线逐渐变暗，水声潺潺，似乎在穿越时空的隧道。水洞尽处，便豁然开朗，别有洞天。只见一条小河绕村而过，“土地平旷，屋舍俨然，有良田美池桑竹之属。阡陌交通，鸡犬相闻”，正是现实版的“世外桃源”。

而在县城东南部，八宝壮乡，峰丛林立，飞瀑流泉，良田陌陌，风景如画，有“高原小桂林”之称。美丽的八宝河迂回流淌，一路揽胜，到达三腊村旁，从枝茂藤缠的古树林中穿出跌落，形成玉屏、浴人和弓花三瀑，总落差 120 多米，雾气腾绕，彩虹隐现，盛夏时节格外壮观。

但是，坝美的田园风光并非独一无二，乘船进村的新奇体验过后，就会感觉

有些乏味。而八宝与罗平的风光非常近似，却不及罗平油菜花海与峰林叠加的宏大规模。所以，大老远专程前往广南，可能会有点失望。但新的云桂高铁已经开通，并在广南设有一站，从昆明出发，两个小时左右就可以到达。看惯了云南的知名景点，周末想要找一处相对清闲的风景放松一下，可以来广南。也可以将广南与广西百色、巴马，或者贵州兴义等连成一线，会使行程更为丰富。

• 住宿

名称：广南世外桃源大酒店

地址：莲城镇南秀社区八宝路 18 号

起价房型：豪华双床房

价格：378 元

星级：4 星

名称：广南八宝贡酒店

地址：珠西公路进入城区主干道和文笔路交叉口

起价房型：商务豪华单间

价格：278 元

星级：4 星

名称：广南坝美帝贝归园特色度假酒店

地址：坝美景区内 103 号

起价房型：普通双人房

价格：348 元

星级：2 星

名称：广南坝美大榕树下农家乐

地址：坝美景区内

起价房型：标间

价格：108 元

麻栗坡

来到麻栗坡的人，大多带着崇敬和缅怀的情绪，因为这是一座英雄的小城。境内的老山，曾是对越自卫反击战主战场。如今，老山主峰矗立着“老山精神万岁”的汉白玉纪念碑；在县城西北部 4 千米的地方，还有老山作战纪念馆和烈士陵园，每年都有各界人士来此参观、凭吊，缅怀先烈。

此外，麻栗坡还是文山乃至云南通往东南亚的重要陆路通道。

• 住宿

名称：麻栗坡雅景主题酒店

地址：玉尔贝路 260 号

起价房型：双人间

价格：100 元

星级：3 星

名称：麻栗坡国豪大酒店

地址：玉尔贝路 190 号

起价房型：豪华标间

价格：160 元

星级：3 星

05

玉溪

除了香烟，玉溪留给外界的印象并不太鲜明。虽然地处昆明通往红河、普洱、西双版纳的交通干线上，却很少有人为玉溪专门停留。

这里是人民音乐家聂耳的故乡。走在玉溪市区街头，感觉这是一座山清水秀、干净美丽的小城。你可能会遇见聂耳故居、聂耳路、聂耳公园、聂耳音乐广场……但除此之外，却也少了几分自己的特色。

抚仙湖，算是玉溪最拿得出手的王牌。如果你有一天时间想要放松身心，无论是从昆明还是从玉溪出发，抚仙湖都是最佳选择。湖边的帽天山，记录着5.3亿年前的寒武纪，地球生命曾在这里上演集体爆发的壮观场景，如今已成为世界自然遗产地，但游客不多。

哀牢山横亘于云南中部，却把最高峰、原始自然生态保留最为完整的部分留在了玉溪。新平县境内的南恩瀑布、石门峡，知名度不高，却让到访过的游客交口称赞；元江县的那诺梯田，深藏于哀牢山的云海中，虽不及元阳梯田声势浩大，却也有着自己的别致之处，让不愿走寻常路的驴友、摄友们喜出望外。

抚仙湖

包括大名鼎鼎的滇池、洱海、泸沽湖在内，云南有九大高原湖泊，其中仅有两个还保持着一类水质——直观地说，就是清澈见底。一个是丽江宁蒗的泸沽湖，另一个就是玉溪的抚仙湖。

你可能想象不到，抚仙湖是我国最大的深水型淡水湖，最深处超过 150 米，206亿立方米的蓄水量相当于13个滇池、7 个太湖、6 个巢湖。这里的一类水占到全国湖泊一类水总量的 90%！

或许因为云南有名的湖泊太多，抚仙湖在外地游客心中还排不上号。然而，云南人对它却格外钟情。在城市近郊、人口稠密、交通便捷的情况下，还能保有如此清澈透亮、未受污染的一类湖水，着实非常难得。所以，每逢节假日，抚仙湖畔便是车水马龙。

到抚仙湖，怎么都不会无聊。沿湖漫步、沙滩日光浴、玩水、划船，是绝大多数游客的常规玩法；包车环湖、潜水、泡温泉等，已经成为年轻一族的时尚选择。其实，哪怕什么也不干，只是静静地坐下来，沉醉于这秀丽的湖光山色中，云蒸霞蔚、水波浩渺，就足以让人放空身心、流连忘返了。

从抚仙湖北岸的澄江县城到西岸的禄充，以及孤山附近的江川阳光海岸一带，开发较早，酒店餐饮配套和游乐设施比较集中，游客也比较多。而东岸还没有被太多开发，因此保存了比较原生态的自然风光和渔民生活场景，游客鲜有踏足，非常寂静。如果你不喜欢喧闹，可以到东岸走走。只是东岸的食宿接待能力较差，建议自驾车前往，并且带足干粮。

值得一提的是，当地有传说，抚仙湖下有座沉没的古城。2001 年以来，考古部门已经组织过几次水下考古探秘，但至今仍有许多未解之谜，这也为抚仙湖平添了几分神秘感。

禄充

禄充位于抚仙湖西岸，距离澄江县城约 20 千米，是一个既能玩水，又可观笔架山和尖山，还能感受古老独特的“车水捕鱼”文化的魅力小渔村。它的温润、灵秀，常常带给人闲适、安逸的感觉。

但节假日的禄充，更像一个巨大的游乐场和餐饮聚集地，许多饭店都会派人到公路边招徕过往游客。如果行车经过，需要放慢车速，注意驾驶安全。

明星鱼洞

抚仙湖中特有的抗浪鱼，体形细小，但肉细味香，平时深居 40 多米深的水下，难以捕捞。到了产卵期，则会成群结队地浮出水面，到岸边沙滩礁石处寻找流动的清泉，抢水产卵。渔民们就会在鱼洞架起水车，人工形成湍急的水流，引得抗浪鱼

抚仙湖 · 孤山

争先恐后地钻进渔民们安放在鱼洞口的鱼笼里，于是形成了抚仙湖古朴独特的“车水捕鱼”景观。

来到位于抚仙湖西岸中部、澄江至江川公路旁的明星鱼洞，游客就可以看到岸边大大小小的鱼洞。如今，周边也已经建起饭店，成为游客观光、休憩、玩水的地方。

孤山

抚仙湖西南部有一座四面绝壁、孤立于水中的孤山岛，岛上绿树掩映间，建有一些亭台楼阁。以此为背景拍摄的照片，在抚仙湖的宣传海报中极具代表性。游客可乘船登岛，体验与世隔绝的况味。

与孤山隔水相望的，是阳光海岸雪白柔软的沙滩。无论玩水、划船，还是撑把阳伞躺着放松，总会有一款适合你的休闲方式。这一带餐饮、住宿等配套设施相对完善，各种价格都有，因此游客较为密集。

界鱼石

抚仙湖的南边，还有一个美丽的湖泊——星云湖，两湖咫尺之隔，有一条窄窄的海门河连通。河中段有一堵石壁，被称为“界鱼石”，星云湖中的大头鱼顺流至此，抚仙湖中的抗浪鱼逆流至此，皆调头而返，不相往来，此乃一绝。

界鱼石西侧不远，还有一座始建于明

代的海门桥，桥身雕刻精美。站在桥上，可隐隐望见星云湖。

热水塘温泉

热水塘位于抚仙湖东岸，澄江县海口镇境内。这里温泉口甚多，涌水量大，当地人就用石头围起露天温泉池。加之东岸游客很少，不会被其他人的喧嚣打扰，浸泡水中，此时此刻此地仿佛只有你，非常适合沐浴、疗养、放空。

顺道一游

李家山青铜器博物馆

抚仙湖畔的江川区江城镇李家山古墓群，出土了战国至西汉时期的青铜器数千件，包括国宝级文物“牛虎铜案”（如今是云南省博物馆的镇馆之宝），生动地再现了古滇国辉煌灿烂的青铜文化。

出土的大量青铜文物，如今有许多被陈列在位于江川城区的李家山青铜器博物馆里。除了“牛虎铜案”为复制品外，大多都是真品，有生活用具、生产工具、兵器、乐器、装饰品等。

味道

游玩之后，找家临湖的小饭店大快朵颐，铜锅鱼、铜锅洋芋饭，以及各种山茅野菜，也是一绝。抚仙湖里的鱼放进铜锅里，加入葱头、生姜等简单调料，用湖水一煮，没有一点腥味，让人口水直流。

· 最佳旅游时间

夏秋季节游客最多，如果想要下湖亲

牛虎铜案

水，7月、8月间最为合适。

• 住宿

抚仙湖距离昆明和玉溪都只有一小时左右的车程，绝大多数游客在湖边饭店饱餐之后会选择返回。但如果时间充裕，在湖边住上一晚，观黄昏落日似火，再枕着涛声入眠，也是惬意的享受。夏季和黄金周期间，客房会比较紧张，尤其是能观湖的房间，最好提前预订。

澄江县

名称：抚仙湖太阳山度假酒店
地址：抚仙谷环湖东路 10 号太阳山商业小镇
起价房型：豪华景观房
价格：580 元
星级：3 星

名称：澄江同尘院精品度假酒店
地址：澄江县右所镇小湾村 75 号
起价房型：山景大床房
价格：864 元
星级：3 星

名称：澄江山之湖度假酒店
地址：环湖北路湖畔圣水 A 座 11 楼，月亮湾公园对面
起价房型：伴山伴湖双床间
价格：228 元
星级：2 星

名称：抚仙湖阅海听涛精品客栈
地址：海口镇矣渡村 5 号
起价房型：田园观景标准间
价格：480 元
星级：2 星

江川区

名称：玉溪柏田庄园度假酒店
地址：江川区江城镇牛摩村澄川线 31 千米处
起价房型：豪华园景标间
价格：308 元
星级：2 星

名称：玉波苑酒店
地址：江川区孤山风景区，近阳光海岸
起价房型：普通标间
价格：330 元
星级：3 星

• 医院

澄江县人民医院
地址：澄江县凤麓镇环城北路 29 号
江川区人民医院
地址：江川区大街镇湖滨路北段 14 号

• 实用信息

澄江县游客接待中心
地址：澄江县城（凤麓镇）仙湖路东路

① ② 澄江动物化石

澄江化石地

你肯定想象不到，5.3 亿年前的寒武纪，地球生命曾在玉溪市澄江县上演过集体爆发的壮观场景。如果你是科学爱好者，对生命的起源充满探索欲，澄江化石之旅定会令你大开眼界、大呼过瘾。

2012 年 7 月 1 日，中国澄江化石地成功申报世界自然遗产，填补了中国化石类自然遗产的空白。这一天，距离澄江化石地在澄江县城以东的帽天山被发现，刚好 28 年。

对大多数国人而言，澄江是个陌生的地方。在众多挤破头想被列入世界遗产名录的项目长队中，澄江化石地也显得有些默默无闻。那么，澄江化石地为什么能成功申报世界自然遗产呢？

专家说，澄江化石距今 5.3 亿年，被誉为“20 世纪最惊人的古生物发现之一”。

寒武纪早期，种类繁多的多细胞动物突然在海洋里大量出现。澄江化石群记录了这段特殊时期生物群的全貌，成为迄今地球上发现的分布最集中、保存最完整、种类最丰富的“寒武纪生命大爆发”例证。

澄江化石地共涵盖 16 个门类、200 余个物种，这在世界同类化石地中极为罕见，成为动物界多个门类多样性起源的直接证据，对回答生命演化中的一些基本问题产生了重要影响。

抚仙湖虫，成虫最长约 11 厘米，腿

肢多达 35—45 对，是节肢动物的祖先；奇虾，身体最前端有一对分节的、具刺状构造的大抓肢，目前普遍认为可能和节肢动物具有较近的亲缘关系，或者是圆神经动物中的一个绝灭分支；昆明鱼，是仅发现于澄江化石群中的最古老的脊椎动物，被称为“天下第一鱼”……这些亿万年前的早期生物似乎穿越了时空，“活”在今人眼前。

如今，游客想要一睹澄江化石的真实面貌，有两个选择：一是去帽天山国家地质公园，可以亲临澄江动物群化石发现点一探究竟；二是就在澄江县城中心，一座拥有两个展厅、总面积 400 余平方米的化石地展览馆已经免费向游客开放。

由于帽天山和澄江县城都在抚仙湖边，游客可以按照澄江县城（化石地展览馆）—帽天山—抚仙湖的线路，规划游览行程，既有山水胜迹，又有科普探秘，会是一段完美的旅程。

帽天山

帽天山位于抚仙湖东北岸，澄江县城东南 6 千米处，距昆明市区 60 千米，距玉溪市红塔区 87 千米，是 1984 年澄江动物化石群被发现的地方。如今，这里是世界自然遗产地和国家地质公园，有寒武纪化石保护区、澄江动物群化石发现点等景点，现已对游客开放，但参观游览的人并不多，可能与交通不便有很大关系。

澄江化石地展览馆

目前，没有公共交通可以直达，乘坐公交车在东鸡哨村下车后还需步行约 4 千米山路。所以，最好是自驾游前往，也可以选择从县城租车往返。

澄江化石地展览馆

如果觉得太远，不想去帽天山，路过澄江县城时，可以顺道参观澄江化石地展览馆。展览馆目前设有中心展厅、精品厅、恐龙厅和放映厅。其中，中心展厅主要以图文、模型等方式介绍澄江动物化石群的发现和研究成果，以及寒武纪大爆发和地球早期生命演化概貌；精品厅里则展示了部分珍贵的化石标本。看完展览馆，不足一个小时，就可以对澄江动物化石群有个大概的了解。

顺道一游

澄江坝区产藕。每年七八月间，从县城澄江化石地展览馆通往帽天山的公路两旁，就会呈现“接天莲叶无穷碧，映日荷花别样红”的美景。开车经过，如在画中。

味道

澄江荷藕以肥壮、粉多、味浓而广受欢迎。以鲜藕为原料加工制成的澄江藕粉，醇甜清香，细腻滑润，是当地的传统特色食品。

红塔区大营街

玉溪市区没有太多足够吸引人的景点，以至于它长期以来都被来来往往的游客忽略。如果你在玉溪长待一段时间，或是旅行返程经过市区，到大营街泡个温泉，或许能消除旅途劳顿，感觉神清气爽。

大营街位于红塔区西南角，距城区 5 千米。当地农民最先在这里建起公园，随后又相继建成休闲文化中心、生态园、水上运动场以及佛寺等，使这里成为当地市民乡村休闲游的去处。

· 交通

从玉溪市区前往大营街，可沿凤凰路西行，穿过昆玉高速公路接汇溪路，直行可达；也可沿明珠路或东风路南行至昆玉高速公路高仓立交出口位置向西直行，穿过昆玉高速公路后直行可达。高仓出口车流较大，自驾要格外小心。

· 住宿

名称：映月温泉客栈

地址：红塔区大营街口

电话：0877-2772200

起价房型：普通标间

红塔区 · 聂耳音乐广场

价格：180 元

名称：汇龙温泉大酒店
地址：红塔区大营街玉泉路 1 号
电话：0877-2773666
起价房型：普通标间
标间：188 元
星级：3 星

名称：云南红塔大酒店
地址：红塔区红塔大道 32 号，近聂耳公园
起价房型：红塔双床房
价格：390 元
星级：4 星

名称：玉溪卡夫特酒店
地址：红塔区文化路 23 号，近聂耳公园、步行街
起价房型：商务单人房
价格：292 元
星级：4 星

• 医院

玉溪市人民医院
地址：玉溪市红塔区聂耳路二十一号

顺道一游

红塔区北门街 3 号有一栋一楼一底的木结构建筑，即是聂耳在玉溪的故居。它建于清末，为聂耳曾祖父聂连登所建。聂耳出生在昆明，青少年时期回玉溪探亲时，曾在此居住。如今有一些介绍聂耳生平和作品的展览陈列。

味道

玉溪人酷爱米线，凉米线、鳝鱼米线、肘子米线、臭豆腐米线……很难数清这里到底有多少种米线的吃法。每年农历二月初一到初九，还有米线节，也算是把米线吃得雅俗共赏了。

新兴饭店的鳝鱼米线，玉溪师范学院门口红塔山小吃店的凉米线，被许多当地人推荐为“最地道”的米线。

说起来，玉溪的小吃的确招人喜爱。郭氏冰稀饭，南门街和北门街的酸辣粉、小鸡米线、风味卷粉、鱼酥鸭肜，大营街的青松烤鸭……都勾着你的味蕾，让你多了一个想要在玉溪停留的理由。

通海秀山

如果你是经由玉溪的通海县前往红河州建水县，那么，通海县城南边的秀山值得逛一逛。

秀山号称云南四大名山之一，历史上曾是滇中地区有名的佛、儒、道三教圣地，有“秀甲南滇”的盛誉。从汉代开始，历朝历代在秀山上修建了大量的古刹、亭台、楼阁，现今仍存留有宋、元、明、清时期的古建筑群。

无数名人雅士曾来到秀山，被这里浩瀚的林海、秀美的风景以及厚重的文化积淀所惊叹，留下众多墨宝，日积月累，使秀山形成寺寺、院院、亭亭、阁阁皆有匾联的“匾山联海”独特景观。

味道

通海的甜白酒，以糯米酿造，口感醇甜，香气独特。曲陀关村旁，从玉溪前往通海的公路两侧，有许多销售甜白酒的店面。

· 医院

通海县人民医院

地址：通海县秀山镇富善街 34 号

元江那诺云海梯田

在玉溪，也有能够观赏到哈尼梯田景观的地方。位于元江县羊街乡、那诺乡境内的梯田，距元江县城约 60 千米，属红河哈尼文化走廊的上游地段，与声名显赫的元阳梯田在人文自然环境上非常接近。在那诺，一年四季常能看到云海，特别是冬天，层层云雾缭绕山间，好似千里云海梯田画廊，已经成为新兴的观景摄影的重要目的地。

· 最佳旅游时间

每年 11 月至次年 2 月，是那诺梯田最佳的观景时间。

· 交通

元江县城的元江客运站每天都有许多班车到那诺，全程约 60 千米，大约需要两个半小时。其中，羊街到那诺沿途，风光旖旎，梯田层层叠叠，非常壮观。一路都是盘山公路，如果要停车拍照，一定要注意安全。

看过那诺梯田之后，还可以再往南进入红河州红河县境内。那里已经开发出了梯田旅游环线，会给你别样的体验。

· 住宿

羊街、那诺的旅游接待能力都比较弱，只有小旅馆和小饭馆，建议在元江县城住宿。早些起床可以赶到那诺观云海日出，交通还是比较便利的。

名称：元江红河谷热海酒店

地址：元江至墨江 323 国道 292 千米处

起价房型：标准间

价格：278 元

星级：2 星

· 医院

元江县人民医院

地址：元江县红河街道红河街 10 号

06

红河

如同它的名字一样，红河充满着明媚而又浪漫的气息。一步步登天的哈尼梯田已经足够成为你远道而来的理由，但红河可以给你的惊喜远远不止于此。

想要看山，屏边的大围山雄伟嵯峨、林海茫茫；想要观水，红河风姿绰约，异龙湖水波浩渺；想要寻访历史胜迹，“文化名邦”建水和石屏多的是古村、古桥、古井、古民居，都是难得一见的滇南瑰宝；想要领略民族风情，奕车人、花腰彝，你可能并不熟悉，但他们的歌舞技艺却能令人过目难忘。如果你是吃货，自然不能错过哈尼的长街宴和最地道的过桥米线，还有蒙自的石榴和枇杷、建水和石屏的豆腐。

顺着滇越铁路，看法式老火车站孤独兀立，看人字桥穿越百年仍历久弥新。一路到达河口，边境风情，活色生香；从这儿出境，一步之遥就是越南……

红河，是通往南亚、东南亚的重要通道，也是云南新兴的热门旅游目的地。不管哪个季节，红河总有让你心旌摇曳、沉醉流连的风景。

元阳梯田 · 老虎嘴

元阳梯田

如果没有见过哈尼梯田，你不会知道，人类对于自然的改造会创造出何等恢宏美丽的风景。苍凉的哀牢山区，成千上万亩梯田连绵不断，从河谷往上数，最高的有 3000 多级。它们全部由人工雕琢完成，并且已有上千年的历史。

1993 年，一个叫阎雷的法国摄影师第一次对西方媒体全面展现了气势磅礴的哈尼梯田以及世代生活于此的哈尼人家，世界顿时为之震惊！欧洲媒体将这里评为“1993 年度新发现的世界七大人文景观之一”。2013 年，哈尼梯田成为世界文化遗产。

“流光溢彩的大地雕塑”，或许是对哈尼梯田最为贴切的形容。每年 11 月到次年 4 月，田中无苗，梯田水面映射天光云影，引得游客纷至沓来。日出日落时，阳光把水田染成金黄或火红，如果运气好，还能看到阳光穿越云层直射村庄。日上中天，梯田又幻化出勾魂摄魄的蓝，蜿蜒舒展的田埂像极了一道道金边。如果再起点儿雾，那就真是天上的街市了。

在红河州境内，元阳、红河、金平、绿春四县均有哈尼梯田分布，且各具特色。其中，以元阳梯田最为知名。梯田与山涧、村寨、哈尼人家浑然一体，又千变万化。到了哀牢山区，扛上相机或者拿出手机随手按下快门，可能就是一张绝美的照片。

多依树

这里是最适合拍梯田日出的地方。早上五六点，就开始有游客陆续来此守候。等到天逐渐放亮，可以看到霞光慢慢掠过近处缓坡上的大片梯田，水面一片金黄。而远一点儿的陡峭处，雾气还未消散。站上多依树观景台，便可以将云雾缭绕中的梯田反射天光云影的美景悉数收入镜头。

多依树观景台周边，还有爱春、大瓦遮、阿者科以及联办厂一带，可以拍到梯田云海与哈尼山寨。日出之后，就可以逐一寻访领略了。

老虎嘴

有人说，这里是元阳梯田中气势最恢宏壮观的一处。元阳梯田有“大地雕塑”之誉，老虎嘴堪称最具代表性。梯田中，暗藏着一匹奔腾骏马的图案，这也是元阳梯田的标志性景观，站在观景台俯瞰并不难辨识。老虎嘴也是梯田日落的最佳拍摄点，元阳梯田的许多经典照片即拍摄于此。

① ② 元阳梯田

坝达

坝达梯田以规模宏大、立体感强著称。从海拔 800 多米的河谷连绵上升，直至海拔 2000 多米的山巅，3700 多级梯田宛似天梯，直达云霄。

附近还有全福庄、麻栗寨、老鹰嘴、茶厂观景台等处，都可以拍到不错的梯田景致。

箐口村

箐口村是哈尼族农耕文明的缩影，拥有“森林—村寨—梯田—河流”四度同构的文化景观。“寨神林”中，茂密的林子遮天蔽日，上百年的古树要两人才能合围。水从山上的林子里流进山腰的村庄和梯田，最后汇入山脚下的河流。河谷干热，水又生成雾气，回到森林——这就是梯田历经千年仍能耕种的关键。

在箐口村，梯田云海与哈尼人家的“蘑菇房”融为一体。你可以走进村里的农家乐，品尝哈尼美味；还有哈尼族文化陈列室，展示着哈尼族的古老历史和悠久文化。

牛角寨

红梯田常常让见惯了云海梯田和蓝梯田的游客喜出望外。牛角寨，就是以红梯田为主。虽然梯田面积比较小，但因水面生长着朱红色的浮萍而显得与众不同。附近的百胜梯田、龙树坝，也能见到红梯田。

味道

在元阳能吃到哈尼族的风味菜肴或许并不稀奇，但在梯田周边的农家乐里见到那么多原生态的新鲜食材，还是会让人心花怒放的。产自梯田中的鱼、泥鳅、田螺等，都可以做出许多美味。山泉水灌溉出来的梯田红米，跟你在家中吃到的白米饭口感有别。

• 最佳旅游时间

每年 11 月到次年 4 月，水田中没有农作物，是观赏拍摄梯田水面映射天光云影的最好时节。

• 住宿

考虑到梯田主要集中在新街镇附近，为拍摄日出日落方便，推荐住在新街镇上，住宿条件也相对较好。而从县城南沙镇过来还会有一段距离，不便于早起拍摄梯田，因此仅作备选。

名称：元阳云上梯酒店
地址：新街镇箐口哈尼小镇 B 组团，近梯田湿地公园
起价房型：休闲榻榻米房
价格：218 元
星级：3 星

名称：元阳听山小舍
地址：梯田景区多依树普高老寨，近多依树观景台
起价房型：大床房
价格：198 元
星级：2 星

• 医院

元阳县民族医院
电话：0873–5623271

红河县

元阳名气太大，以致同样拥有壮观梯田和哈尼风情的红河县此前一直处于光环之外。近年来，随着宣传推广升级，红河县的旅游也开始升温。人们惊奇地发现，红河县的梯田景观并不输元阳，尤其是撒玛坝梯田的浩大令人惊讶。而在嘎他村的杨柳梯田、作夫村附近的棕榈梯田，可以看到杨柳、棕榈点缀田间，成为红河县梯田的别致一景。

如今，红河县正全力打造迤萨老城、宝华乡和甲寅乡组成的梯田游览环线，马帮老城、奕车风情、梯田云海、哈尼长街宴……分布在这条环线的各个节点。无论是自驾环游，还是只选其中一两处细品，红河县都能给你一段新奇体验。

撒玛坝梯田

“撒玛坝”，哈尼语意为“宽阔的田地”。位于距红河县城 40 千米的宝华乡境内，是红河县最具代表性的梯田，以规模浩大、逶迤壮观著称，总面积超过 14000 亩，有“不到撒玛坝不知梯田大，不到撒玛坝如同没有到红河”之说。

桂东梯田

乐育乡的桂东梯田，以秀丽著称。最让摄影爱好者着迷的是它的云海景观，有静静的大海云、汹涌的翻卷云、飞流的瀑布云……每一种形态都美得令人讶异。冬春两季，桂东梯田是拍摄云海的不二选择。

迤萨老城

红河县城所在地迤萨，历史上曾有过许多马帮队南来北往地做生意。后来，有的人长期侨居国外，使迤萨成为云南有名的侨乡；有的人致富归来，建起豪华私宅，既有传统四合院，也有中西合璧的楼房。如今的迤萨老城还完整地保留着东门楼以及近百幢古民居建筑，成为马帮文化的历史印迹。

大羊街

红河县西北部的大羊街乡，是哈尼族支系奕车人的主要聚居地。奕车文化底蕴深厚，音乐、舞蹈、服饰都别具特色，“姑娘节”和“打石头架”等传统节日更是闻名中外。

奕车人同样擅种梯田。哀牢山中，层

红河县

甲寅乡长街宴

层叠叠的“天梯”顺着山势蜿蜒屈伸，直通云海。民族村寨与秀美梯田交错的大羊街乡，曾在2005年10月《中国国家地理》“选美中国”特辑中，被评选为“中国最美的六大乡村古镇”之一。

甲寅

甲寅乡旧称瓦渣，不仅有梯田，还有瓦渣土司衙门遗址坐落在村中。远近闻名的他撒十二龙泉也在甲寅乡，岩石缝中冒出的十二股山泉水甘甜清爽。泉水分左右两组，每组六个出水口，左边是饮水处，出水口有兽头装饰；右边是洗菜、洗衣服之处，出水口以石槽装饰。“十月年”①期间，甲寅会摆起长街宴，购票之后可以落座就餐。如果不想购票就餐，也可以观看歌舞表演和热闹的敬酒场面。

• 住宿

名称：同心大酒店
地址：红河县迤萨镇莲花大道
电话：0873-4620388
起价房型：普通标间
价格：148 元
星级：3 星

名称：迎宾楼
地址：红河县迤萨镇跑马路
电话：0873-4625567
起价房型：普通标间
价格：80 元

名称：松源大酒店
地址：红河县迤萨镇跑马路
电话：0873-4625696
起价房型：普通标间
价格：60 元

---

① 十月年：哈尼族最隆重的传统节日，人们载歌载舞，摆开长街宴，庆贺节日的到来。

蒙自

云南最有名的小吃，非过桥米线莫属。如果你不曾到过蒙自，不曾品尝过那最正宗、最传统的味道，不曾走走“过桥米线”所过的那座“桥”，一定不算真正的“吃货”。作为过桥米线的发源地，蒙自光过桥米线就有几十个品种，吃上一个月，每天都能不重样。那些看似寻常的猪肉、鸡肉、牛肉、羊肉、海鲜……和着蔬菜和米线,混进一海碗鲜甜浓爽的热汤里，竟能成为蒙自过桥米线明显区别于其他地区的美味最关键的原材料。

关于过桥米线起源的传说，有着不同版本，但最让人中意的说法是，清朝时，有位秀才常到蒙自县城南湖小岛上读书，贤妻每天给丈夫送饭。为了保温，贤妻便将米线、蔬菜、肉片放在热鸡汤中烫熟，趁热给丈夫食用。有人说，这样的故事很老套，却很温暖，像蒙自过桥米线在胃里的感觉。

如今，传说中过桥米线发源地的蒙自南湖仍在，其水面开阔、园林别致、建筑古朴，享有高原“小西湖”的美誉。一海碗热气腾腾的过桥米线下肚，再临南湖，定会别有一番感慨。

而南湖周边，闻一多、朱自清等大师曾驻足教学的西南联大蒙自分校旧址依旧；蒙自海关、法国领事府、法国花园、法国监狱等“蒙自对外通商旧址”也较为完整地保持着原貌。身临其境，不禁使人切身感受到近代中西方文明的碰撞激荡。

南湖

原名草海，因位于蒙自市区南部，故称“南湖”。明朝时，知府带领民众将湖中淤泥杂草取出，又从城外引来泉水，南湖自此碧波荡漾。后经多年营造，湖面拓

蒙自南湖

展至30余万平方米，湖堤绿树成荫，湖中亭台楼阁，常有文人雅士来此攻读诗书、吟诗作赋。传说，著名的过桥米线就起源于此。

清末，蒙自被辟为商埠，南湖岸边建起领事馆、海关、酒店、教堂、洋行等。如今，西式建筑哥胪士洋行、中法战争后云南开设的第一个海关——蒙自海关等，仍保存在南湖之畔，可供参观。

西南联大蒙自分校纪念馆

西南联大成立初期，因昆明校舍不足，文学院、法商学院曾在蒙自短暂办学。教室和师生宿舍分散于蒙自城区各处，现存哥胪士洋行、蒙自海关税务司署、法国领事府、周家宅院、王家旧宅旧址5处。位于南湖岸边的哥胪士洋行，是一座明黄色的二层西式建筑，曾是希腊商人哥胪士打造的豪华酒店，后来成为西南联大蒙自分校校舍。如今，这里被开辟为纪念馆，游客可在观赏的过程中重温那段弦歌不断的峥嵘岁月。

玉皇阁

又名通明阁，位于蒙自市区承恩街口东侧，由玉皇阁及东西两阁组成。玉皇阁始建于明代，清康熙年间重建；东西两阁为清雍正年间所建，具有清代早期风格。如今，这里依然香火旺盛，不少蒙自市民都会来此祈福。

红河州博物馆

位于蒙自市天马路65号，红河州行政中心红河广场西侧，是红河州唯一一所综合性地方博物馆。展厅中展出的精美青铜器、陶瓷器、铜鼓，以及各式民族服饰、工艺品、民间乐器、锡工艺品等，极具红河特色，是快速了解红河历史文化的一扇窗口。

· 住宿

名称：红河官房大酒店
地址：南湖南路8号，近南湖
起价房型：高级园林单间
价格：618元
星级：5星

名称：蒙自信达君悦天下酒店
地址：朝阳路与锦华路交叉路口，近红河大剧院
起价房型：普通单间
价格：328元
星级：5星

名称：蒙自天源大酒店
地址：天马路42号，近中央大街
起价房型：精装标间
价格：288元
星级：4星

滇越铁路

“云南十八怪”中有一怪“火车不通国内通国外”，说的就是1910年建成通车的滇越铁路。它自昆明引出，向南经红河州河口县后进入越南老街，终点是越南海防，全长854千米。滇越铁路云南段也称昆河铁路，是云南第一条铁路。

碧色寨

蒙自市郊以北10千米外草坝镇的山梁上，碧色寨火车站落寞地矗立着，法式黄墙斑驳零落，巴黎制造的三面钟早已停摆，可历史的记忆却从未模糊……

1915年12月，蔡锷乘火车回云南，在碧色寨火车站遭袁世凯派出的杀手刺杀未遂；随后，驻蒙自国民军第一师第三旅步兵第二团团长朱德率共和派官兵从碧色寨乘火车赴昆明参加护国起义。抗战期间，西南联大部分师生从香港乘船到越南海防，转火车到达碧色寨，闻一多、朱自清、陈寅恪、冯友兰、沈从文、金岳霖等大师云集蒙自。

碧色寨

滇越铁路通车前，碧色寨只是一个平淡无奇的小山村。滇越铁路通车后，碧色寨火车站崛起为滇越铁路第一大站。繁忙的中转运输使得碧色寨瞬间取代了蒙自的位置，变得兴盛繁荣起来，原来蒙自的许多公司、洋行、商店、铺子也都先后搬到了碧色寨。后来，个碧石（个旧—碧色寨—石屏）铁路与滇越铁路在此交会，让碧色寨一度享有“东方小巴黎”之美誉。

由于滇越铁路云南段线路病害多、塌方落石等自然灾害频繁，加之速度慢、客流少、运量小、设备老化等原因，自2003年6月起，这条线路上的旅客列车已经停运。不过，目前每周仍有多趟货运列车行驶在滇越铁路上，滇越铁路也因此成为中国铁路网中唯一仍在运营的窄轨铁路——滇越铁路铁道轨距1米，俗称“米轨”，较现在通用的1.435米“准轨”略窄。

如今，始建于1909年的滇越铁路帮办房，1915年希腊商人哥胪士所建的酒店，始建于1912年的大通公司旧址……大量历史建筑虽日渐衰败，但还保留着，成为碧色寨珍贵的文化记忆。

平日里，游客并不多，偶有一些火车迷会来到这里。因为电影《芳华》热映，作为取景拍摄地之一的碧色寨近来开始呈现出旅游升温的趋势。

碧色寨

人字桥

滇越铁路上，最为人津津乐道的是位于红河州屏边苗族自治县境内的“人字桥”。这是一座巨型钢梁结构铁路架桥，长 71.7 米，桥梁距谷底 102 米。从建成至今，历经百年，每天都在承受火车来回碾轧，却没有撤换过桥上任何一个基本部件。2006 年，“人字桥”成为全国重点文物保护单位。

有专家认为，由于采用了当时世界上最先进的勘测、设计、施工等技术，滇越铁路为后世留下了为数众多的近现代工业遗迹和代表 20 世纪初铁路建筑工程最高水平的技术范例。

建水老火车站

但是，滇越铁路的整体保护现状却并不让人乐观。有的米轨铁道已被拆除，有的淹没于荒草丛中。最新的研究统计显示，当年法国人前后共建了 34 个车站，如今仍保存有法式建筑的车站只有 21 个。

据了解，由于受游客数量等因素影响，目前要开行滇越铁路旅游小火车尚不现实。但是，昆明铁路局（现中国铁路昆明局集团有限公司）已经成立滇越铁路研究会以及米轨保护与开发利用筹备组，推

滇越铁路 · 屏边人字桥

进其保护与开发利用。

在滇越铁路云南段近旁，还有一条开工于 1915 年、竣工通车于 1936 年的个碧石寸轨铁路，两轨之间的距离为 600 毫米。不少研究人员将个碧石铁路看作滇越铁路沿线外延文化区。如果你到建水，值得去看看个碧石铁路上保留下来的老火车站、迎晖路附近的临安车站、朝阳南路上的建水车站，还有去往团山途中的乡会桥车站，仍是法式风情浓郁，又带着历史的沧桑感。

· 住宿

名称：广场宾馆

地址：屏边县城体育广场对面

电话：0873-3224522

起价房型：普通标间

价格：80 元

建水

到建水逛古城，到建水买紫陶，到建水吃豆腐，到建水看古井……有人喜欢她“文献名邦”“滇南邹鲁”的厚重，有人喜欢她自然乡野的情趣，有人就爱她市井生活的气息。不管你好哪一口，建水似乎都能对上你的胃口。

已经拥有 1200 余年建城历史的建水，历史底蕴深厚。唐元和年间，南诏国筑“惠历”城；明清两代，设临安府。自元以来，建水一直是滇南政治、军事、经济、文化和交通中心，兴盛达七个世纪之久。

自古，建水就是文化昌盛、人才辈出之地，它的繁荣曾让它拥有“金临安，银大理”之名。如今的建水，虽然在名气上被大理远远地抛在了后面，但如果你想寻一方古朴安宁的去处，看看风景，换换心情，来建水或许会让你有意想不到的收获。

建水古城

「朝阳楼」

三重檐歇山顶建筑，坐落于古城东门（迎晖门）之上，是整个建水古城的标志性建筑。建于明洪武年间，比天安门还要早 28 年。

「朱家花园」

始建于清光绪年间，为建水当地乡绅

建水朝阳楼

朱渭卿兄弟所建，占地 2 万多平方米，房舍格局井然，院落错落有致，雕刻精巧雅致，是一座具有典型南方特色的私家园林，被誉为“滇南大观园”。

「建水文庙」

始建于元世祖至元二十二年（1285），明清时为临安府学和建水州学所在。历史上，先后经历 50 余次增修扩建，特别是明代头科翰林李遇元绘来曲阜孔庙王宫式建筑图样，后来按图改建，拓地扩建，使建水文庙终成占地 114 亩的大型文庙。包括“洙泗渊源”坊、学海、棂星门、杏坛、先师殿等主要建筑，为中国南方最大的文庙。

「古井」

建水多古井，有的自元代开凿以来，至今仍在使用。古人曾用一副对联“龙井红井诸葛井，醴泉渊泉溥博泉”，来描绘建水的六大名井。其中，古城西门外的溥博泉，即大板井，建于明洪武初年（1368），是建水最富盛名的一口水井，至今井水仍甘甜润口。如果你有兴趣，不妨在古城内外找找这些古井，尝尝井水做的豆腐。

双龙桥

俗称“十七孔桥”，与颐和园的十七孔桥齐名，坐落于建水古城西约 2.5 千米处。清乾隆年间先建三孔，道光年间又建十四孔，形成十七孔桥的格局。桥

① 朱家花园 ② 燕子洞

上建有亭台楼阁，远看好似一艘楼船。在夕阳映照下，常出现桥身金黄、不输晚霞的奇景。

燕子洞

位于建水县城东 22 千米的群山峡谷中，整个景区由自然林地、旱洞宗教文化区和水洞组成。最独特的景观是洞内巢居着上百万只雨燕，每年春夏时节，可以看到群燕云集、离巢归巢的壮观景象。每年 3 月，看攀岩高手将祈福匾额挂上洞顶钟乳石，也是非常刺激。

团山村

位于建水城西 13 千米处，全村以张姓为主。清朝末年，张氏后裔到个旧开发矿业，挣得钱财，便回乡建盖豪宅，慢慢形成了这处集传统民居、寨门、寺庙、宗祠等于一体的传统村落，并将 19 世纪滇南乡村风貌特色一直保存至今。粉墙黛瓦、檐角飞翘的建筑风格，院内精美绝伦的诗词书画，鎏金描彩的木雕以及工艺奇巧的石雕、砖雕等，都值得细细观赏。村内的张家花园、张氏宗祠、皇恩府等 12 处民居建筑已被列为全国重点文物保护单位。

味道

建水的汽锅鸡，是将鸡块放入当地产的紫陶汽锅内蒸出来的，鸡的原汁原味得以保留，成为让人欲罢不能的佳肴。建水还有一种叫草芽的乳白色蔬菜，甜脆鲜嫩，可以烩云腿、熘鱼片，也可以做汤，是建水的另一种美味。

建水和石屏都产豆腐，街头以烘烤的做法最为常见，也都是云南的知名小吃。

如果到这两个地方，可以都寻来尝尝，对比一下口感有何不同。

· 住宿

名称：建水翰林苑精品酒店
地址：临安镇北正街临安春秋停车场内，近朱家花园、文庙
起价房型：豪华标间
价格：630 元
星级：3 星

名称：建水临安酒店
地址：永祯路 2 号，近文庙、步行街
起价房型：豪华大床房
价格：468 元
星级：5 星

名称：建水听紫云度假酒店
地址：临安路关帝庙街 49 号，近东门楼、步行街
起价房型：豪华大床房
价格：998 元
星级：3 星

名称：建水酒店
地址：临安镇北正街 75 号，近步行街、文庙
起价房型：普通标间
价格：170 元
星级：3 星

· 医院

建水县人民医院
地址：建水县建水大道 528 号

团山村

石屏

作为“文献名邦”，明清以来，石屏一直文风昌盛，名冠南滇。异龙湖畔，大量明清古建筑荟萃在石屏古城，企鹤楼建筑群、文庙、袁嘉谷故居等，都可以感受到文脉赓续的传承。

如果你看过电影《花腰新娘》，应该会被花腰彝女子舞龙的技艺所惊艳。花腰彝，是人们对彝族尼苏支系的别称，石屏是花腰彝的主要聚居地。除了舞龙，极度高亢婉转的“海菜腔”和令人拍案叫绝的高难度“烟盒舞”，也是花腰彝的传统歌舞技艺，如今都是国家级非物质文化遗产。如果在石屏游览期间有幸赶上她们演出，千万不要错过一饱眼福的机会。

彝族女子舞龙

古州衙

位于石屏古城内，始建于明朝洪武年间，是一处保存完好的明清州衙办公建筑群。中华人民共和国成立后，仍沿用作为县人民政府办公地，直到2005年前后。

古州衙附近，还有李恒升故居、文庙和玉屏书院等古建筑，相距不远，可以一并游览。

企鹤楼

企鹤楼建筑群位于异龙镇珠泉街石屏一中校内，由准提阁、三佛殿、石拱桥、喷珠池、企鹤楼等共同组成。其中，最为核心的企鹤楼建于民国年间，为四重檐歇山顶建筑，屋顶为八角亭。整座楼宇兼具中国传统古典建筑和西式建筑风格，在滇南地区并不多见。虽处于中学校内，但只要不影响教学秩序，这里还是很欢迎游客前来参观的。

袁嘉谷故居

袁嘉谷是云南历史上唯一的状元，1903年考中经济特科一等第一名，授翰林院编修，后回云南大学执教多年，成为云南的文化名人。袁嘉谷是石屏人，袁嘉谷故居位于异龙镇南正街22号，清光绪九年（1883）建，坐西朝东，为清代木结构四合院民居楼房建筑，由大门、二门、三门、内院上下房、天井、书房等组成。细细浏览故居内的陈设和展览，会有助于你更好地了解石屏的文化历史。

郑营村

云南省级历史文化名村，位于石屏县城西 10 千米的宝秀镇赤瑞湖畔，依山傍水，风景如画。沿着青石路一路走来，可见村内保留有大量宗祠、楼阁，以及明清风格的四合院民居建筑。其中，以陈氏宗祠、郑氏宗祠、陈氏民居最值得一看，尤其是它们的木雕工艺，堪称巧夺天工。

异龙湖

云南九大高原湖泊之一，也是石屏人的母亲湖。盛夏时节，湖内荷花亭亭玉立，清香袭人，游者如织。

• 民俗节庆

石屏盛产杨梅，每年 5 月、6 月间，当地都会举办杨梅节。游客可以进入杨梅园采摘，节日期间还会有花腰彝歌舞、花腰彝女子舞龙等表演。

• 住宿

名称：石屏天源酒店

地址：异龙镇西山路路口

起价房型：标间

价格：195 元

• 医院

名称：石屏县人民医院

地址：石屏县环城南路 10 号

石屏异龙湖

泸西

泸西位于红河州北部，距昆明 160 千米左右，主要看点是阿庐古洞和城子古村，一天时间足够游完。如果不想直接返回昆明，旁边的弥勒市因拥有不少温泉，而成为许多昆明人周末放松休闲的短途游目的地。或者在去往普者黑的路上，顺道看看泸西的景色也很好。

城子古村

阿庐古洞

“阿庐古洞”为彝语，意即“前面有平坦草地的虎洞”，原本是宋元时云南“三十七蛮部”之一的“阿庐部”的穴居点。如今号称“云南第一洞”，主要是观赏溶洞景观，洞内的石笋、石柱、石幔、石花等千姿百态，惟妙惟肖。

城子古村

泸西县城以南 25 千米的永宁乡城子古村，拥有我国西南地区规模最大的彝族土掌房建筑群，房屋依山顺势，梯级向上，家家相连、户户可通、层层叠叠，下一家的屋顶便是上一家的晒场，由此形成风格独具的古村落，有“泸西的布达拉宫”之称，常有画家、学生来此写生。

• 医院

泸西县人民医院

地址：泸西县中枢镇九华路 68 号

顺道一游

在泸西看完风景，可以直奔旁边的弥勒市礼佛。弥勒的温泉远近闻名，云南红酒庄也在弥勒。泡温泉、吃葡萄、品红酒，会给这趟旅程锦上添花。

• 住宿

名称：弥勒湖泉酒店

地址：温泉路延长线（湖泉生态园内近湖泉温泉水世界 500 米）

起价房型：E 座普通标间

价格：608 元

星级：5 星

名称：弥勒丽景酒店

地址：中山路与温泉路交会处丽景商城内

起价房型：B 座大床房

价格：198 元

星级：4 星

名称：弥勒弘悦湖森林度假酒店

地址：可邑小镇景区内

起价房型：豪华湖景房

价格：888 元

星级：3 星

河口

在云南诸多与越南接壤的边境小城中，河口应该算是名气最大、越南风情最浓郁的一座。清晨，到口岸参加一场升旗仪式，是来河口旅游必做的“功课”。雄壮的《义勇军进行曲》音符方落，横跨中越边境的河口南溪河公路大桥上便传来急促的脚步声——从越南入境的商贩奔涌而来，还不时有戴着斗笠的越南姑娘袅娜地从你身边走过，河口立马喧嚣起来。

元江和南溪河在河口县城南端交汇，滇越铁路就横跨在南溪河上，并从这里出境，连通越南老街。而沿元江修建的滨河路，相当于河口的一条景观大道，可以隔河看到对岸越南的街景。入夜之后，两岸灯火相映，中国河口和越南老街宛如被江水隔成两半的同一座城市。

看过了口岸的风景，“剁手党”们就可以开始买买买了！在河口的“越南街”，能淘到不少越南商品，而越南小卷粉、越南春卷、越南凉米线等特色美食更是让人欲罢不能。

如果你想要离开口岸区域走得稍远些，可以在南溪河来一次漂流，终点就在河口的中越大桥附近；或者去花鱼洞国家森林公园，与原始丛林亲密接触，自在地做深呼吸。

河口

· 住宿

名称：河口云岭新河湾酒店

地址：新河高速公路北山服务区近北山货场

起价房型：标间

价格：488 元

星级：4 星

名称：河口亚洲主题酒店

地址：广龄街 85 号，近河口口岸、中越大桥、滨河路

起价房型：温情主题房

价格：188 元

星级：2 星

· 实用

越南街，也叫中越边贸市场，就在河口县城滨河路文明街口以西，以售卖各种越南特产为主，是到河口旅游的购物首选地。

· 医院

河口县人民医院

地址：河口县滨河路瑞祥街口以西

◎从河口出境去越南

自驾游越南，是云南人钟爱的旅行方式，现在也有越来越多的外地游客开始尝鲜。从河口出境，需要提前在越南驻昆明总领事馆（办公处：昆明市北京路155号附1号红塔大厦507室，电话：0871-63522669，传真：0871-63516667）办好签证，也可以在河口提前委托旅行社办理。

如果没带护照或没有来得及办理签证，只想在越南边境附近走走，可以凭身份证在河口的边检部门办理通行证出境。从河口经越南老街到沙巴，是游客较多的热门短途线路。

河口口岸

07

西双版纳

美丽的西双版纳，给人的印象总是独特而神奇。在 36 米高空穿行热带雨林，看数百只孔雀齐飞掠过湖面，行车途中邂逅野生亚洲象，与“猫多哩”“哨多哩”[①]互泼圣洁之水狂欢祝福……每一个画面都牵引着你，想来投入它的怀抱。

西双版纳的旅游业开发得很早，在云南乃至整个中国都算是老牌景区了，曾经风光无限。近些年来，其风头被大理、丽江、腾冲等地抢去不少，一度有些落寞。但它丰富的动植物景观、多元的民族文化、浓郁的傣泰风情，以及炽热的阳光，都是抢不走的。澜沧江流过西双版纳，一江连起六国，从磨憨、打洛出境，一脚就能踏上老挝、缅甸的土地。随着旅游升级，秘境野营、界河漂流、边境游、茶山游等新兴旅游方式方兴未艾，让已略显老态的西双版纳重新焕发了生机。

加之这里气候温润、空气清新，生活条件相对较好，许多外地人来到西双版纳购置房产，作为避寒之地。少了些浮躁和喧嚣，旅居在西双版纳，反倒让人觉得安逸自在了。

---

① 猫多哩、哨多哩（见 P97）。

景洪

景洪市区

景洪，傣语意为“黎明之城”，听上去就特别浪漫。你再想象它被热带雨林环抱、澜沧江穿城而过、阳光炙热明丽、傣家少女温柔如水，魅力值绝对爆棚。

我是到了景洪才知道，原来还有“无眼菠萝”，可以像削苹果一样轻松吃到果肉；我是到了景洪才知道，香茅草烤鱼、酸木瓜煮牛肉、酸笋鸡、撒撇、各种芭蕉叶包烧……都是不可错过的傣味经典；我是到了景洪才知道，城市景观也并不总是千篇一律。

各种叫不出名字的热带植物装点着景洪城的大街小巷，尖顶翘角的建筑隐藏在绿树繁花之中，有的沿袭了傣族传统建筑式样，有的透出浓浓的东南亚风情；以大象和孔雀为元素的城市雕塑随处可见，已大量融入到城市建筑的装饰中；路上缓缓而行的，既有身着传统民族服装的本地人，也有来自缅甸、老挝、泰国等东南亚国家的商人……漫步景洪城，或者租辆自行车悠然骑行，城景交融，让人身心沉醉。

白天，你可以到热带花卉园，看会跳舞的草、会下雨的树；也可以到西双版纳总佛寺和勐泐大佛寺，感受南传佛教的

告庄西双景

宗教氛围，为你爱的人许下平安喜乐的心愿；还可以到近年来新开发的告庄西双景，品尝傣族风味，领略傣泰文化；或者稍微走远一点，到雨林中、寨子里、茶山上，去撒欢作乐。

入夜，泰国街和告庄西双景的星光夜市热闹起来。同样热闹的，还有澜沧江南岸的傣江南酒吧街，霓虹闪烁，音乐渐起，却不会让人觉得特别嘈杂。各色地道的傣味烧烤琳琅满目，来上一扎老挝黑啤，三五好友，迎着阵阵江风，一起度过这个难忘的傣乡之夜。

曼听公园

曼听公园以前是傣王御花园，至今已有1300多年的历史，景区集中体现了“傣王室文化、佛教文化、傣民俗文化”。园内的民族文化广场上，有周恩来总理1961年在园内参加泼水节的纪念铜像；佛教文化区内，有享誉东南亚的西双版纳总佛寺。晚上，公园内还有民族特色文艺演出及篝火晚会。

曼听公园距离景洪市中心约2千米，可乘坐3路公交车到达，也可步行前往。

勐泐大佛寺

勐泐大佛寺是近年来在古代傣王朝的皇家寺院“景飘佛寺”原址上恢复重建的，号称中国最大的南传佛寺，它在傣家人心中的地位很高。平时每天上午11:30和15:30，都有“浴佛”活动。

勐泐大佛寺位于勐泐大道顶端，距景洪市中心约4千米，可乘坐4路公交车到达。

西双版纳热带花卉园

位于景洪城区的云南省热带作物科学研究所内，是西双版纳风景名胜区的主要景点之一，也是集科研、科普、旅游观光等多功能于一体的主题公园。游客在园中可以看到叶如簸箕大的王莲、会跳舞的跳舞草、会下雨的雨树等奇花异木，还可以亲身体验割橡胶。

这里一年四季都鲜花绽放、绿树成荫，即使冬天，也能感受到春天的气息。

告庄西双景

告庄西双景，傣语意为“九塔十二寨”，位于景洪城区澜沧江北岸，是景洪新打造的一处景区。

景区中的告庄大金塔，造型精美、气势恢宏，如今已成为景洪的新地标。晚上，这里有热闹的星光夜市，夜市上到处是东南亚风格的有趣的小玩意儿，吸引了不少年轻人前来“淘宝”。这里还形成了特色客栈群，环境优美、干净舒适，各种价位都有，配以特色餐饮、酒吧、咖啡店、歌舞表演等，不用出景区，就可享受到游购娱一体化服务。

味道

这里有最地道的傣味，香茅草烤鱼、酸木瓜煮牛肉、酸笋鸡、菠萝紫米饭以及各种包烧……

• 最佳旅游时间

夏季的西双版纳炎热多雨，冬春季节来避寒就舒适多了。泼水节在 4 月中旬，是西双版纳一年中最热闹的时候，机票、酒店都会比较紧俏，如果你也想凑个热闹，一定要提前预订。

• 住宿

名称：西双版纳舒莎丽别院
地址：勐罕镇橄榄坝西双版纳傣族园风景区，近傣族园泼水广场
起价房型：傣式风情独栋观景别墅房
价格：309 元
星级：3 星

名称：西双版纳堇舍客栈（西双版纳泼水广场店）
地址：勐海路旁边曼景兰古城 6 幢 2 层 201 号
起价房型：堇生活大床房
价格：365 元
星级：民宿

名称：西双版纳天空水台温泉客栈
地址：告庄西双景景真寨 32 栋
起价房型：特惠大床房
价格：326 元
星级：民宿

名称：西双版纳万达文华别墅度假酒店
地址：万达国际度假区迎宾路 99 号
起价房型：花园别墅泳池客房
价格：1299 元
星级：5 星

• 提醒

碰到有人推销茶叶、玉器、药材等，如果价格过高，不要随意购买。

• 医院

西双版纳州人民医院
地址：景洪市嘎兰南路 4 号
景洪市人民医院
地址：景洪市嘎兰中路 48 号

西双版纳原始森林公园

热带雨林

西双版纳是北回归线沙漠带上唯一的一块绿洲，来到这里，你绝对不可以错过的，是一段热带雨林的奇幻之旅。

《中国国家地理》曾把“西双版纳热带雨林”评选为“中国最美的十大森林”之一。专家评价这里说，“在一片热带林中，几乎找不到完全相同的树木”“热带雨林特有的板根、老茎开花、空中花园现象，以及绞杀植物、独木成林的大榕树都会给人留下深刻的印象”。

对于初来乍到的普通游客来说，凌空36米的“望天树空中走廊”新奇而又刺激，可以让你近距离、多角度地体验热带雨林的壮阔；或者到热带植物园，可以观赏到雨林与奇石交融的独特景观。

热带雨林中，野生动物生息繁衍。景洪城郊的原始森林公园里，数百只放飞的孔雀每天都会齐齐掠过湖面；到中国唯一一处可以近距离观赏野生亚洲象的野象谷，守候野生亚洲象的不期而至，那种紧张而又期盼的心情，像极了十六岁时看到自己喜欢的那个人远远走过来时的感觉。

当然，更资深的驴友或者多次到过西双版纳的游客决不会满足于此，他们正不断地探寻更多新颖的玩法。比如新兴的南腊河野区营地，既可以秘境漂流、滑索跳水，又可以骑自行车在丛林间飞驰而过，这些新玩法就颇受户外运动爱好者的追捧。

其实，不管是怎样的玩法，当你置身于这满眼绿波的热带雨林中时，深吸一口最纯净的空气，那种从眼睛到肺部再到心灵的清新感都足以令久居都市的现代人心驰神往。接着口中便会不由自主地哼起只要你到了西双版纳就一定会听到的那首歌："想摘一片一片绿叶，想写一首小诗一首小诗，告诉你告诉你，西双版纳总有总有忘归的感觉……"

思小高速公路

如果你是驾车从普洱方向经高速公路进入西双版纳，你一定想不到，自己正身处我国第一个高速公路景区——思小高速公路，它是我国唯一一条穿越热带雨林的高速公路。公路两边丛林茂密，云雾缭绕，更神奇的是，你在行车途中就有可能邂逅正在溜达的野象。

• 提醒

尽管路遇野象这样的经历新鲜而又奇妙，但别忘了野象具有攻击性，所以驾车通过野象出没路段时，一定要注意观察路面及周边情况。如果遇到野象，不要惊慌，也不要乱鸣喇叭，更不能下车围观、拍照，必须与大象保持安全距离并及时报警。

西双版纳原始森林公园

距离景洪市区仅 8 千米，是在 2.5 万亩热带沟谷雨林的基础上创建的，园内森林覆盖率超过 98%，可谓天然的大氧吧。这里除了可以观赏到保存完好的热带沟谷雨林，最令人惊叹的是数百只孔雀齐飞的壮观场景。而爱伲山寨的民俗歌舞表演，亦会让人惊艳。

野象谷

野象谷位于景洪市以北 36 千米处，是西双版纳最热门的景区之一。顾名思义，这里是我国唯一能够安全看到原生状态下的野生亚洲象的景区。

目前，野生亚洲象在中国约有 300 头，主要栖息在西双版纳勐养自然保护区内，而野象谷正好位于勐养自然保护区东、西两片区的结合部，因此野象谷就成为野生亚洲象频繁光顾的区域。但能否看到它们，却着实需要一点儿运气。每年春节前后和 8、9 月间，看到野象的可能性较大，通过高空观象栈道、雨林观光索道等，游客可以在不干扰野象的情况下安全地观赏。

野象谷里每天还有大象表演节目。即使没有看到原生状态下的野生亚洲象，你也不会错过与大象近距离接触的机会。

① 勐腊望天树景区 ② 野象谷

· **最佳旅游时间**

每年1、2月和8、9月间，野象出没频繁，见到野象的可能性大。

· **提醒**

在西双版纳，野象伤人事件时有发生，野象谷周边也曾有野象袭击路边停靠车辆的情况。因此，到野象谷周边，包括到勐养坝区周边村寨旅游，千万小心野象出没。

中国科学院西双版纳热带植物园

创建于1959年，位于勐腊县勐仑镇，是我国面积最大、收集物种最丰富、植物专类园区最多的植物园。2011年7月，成为国家5A级旅游景区。

在原始热带雨林中，可以看到大板根、绞杀植物、老茎生花、空中花园等独特景观；在奇花异木园，观果植物神秘果、木奶果，观茎植物酒瓶棕、象腿树，感应植物跳舞草、时钟花等，都会令你大开眼界。茎粗25厘米的巨龙竹、竹间似佛肚的佛肚竹、攀树缠枝的藤竹等珍贵竹种，汇聚百竹园。而在绿石林景区，热带雨林与千姿百态的奇石交融，构成罕见的“上有森林，下有石林”奇观……

望天树景区

望天树，又名擎天树，通常能长到六七十米高，它是热带雨林的标志树种。

望天树景区距勐腊县城14千米，拥有以望天树为代表的大片珍稀热带雨林。其中，最吸引游客的是一条凌空36米、长达数百米、在树干与树干之间承接而起的“空中走廊”，许多人不远万里来到这里，就是为了体验在大树中部行走的惊险和刺激。

· **住宿**

勐腊

名称：西双版纳王莲酒店

地址：中国科学院西双版纳热带植物园

价格：579元

星级：5星

名称：勐腊和锦大酒店

地址：雨林大道碧海云天商业区12幢

起价房型：商务大床房

价格：269元

星级：4星

· **医院**

勐腊县人民医院

地址：勐腊县康复路15号

民族风情

西双版纳是柔情的傣乡，温柔似水的傣族姑娘、月光下的竹楼、庄重华贵的水井塔、袅娜的孔雀舞，都是人们记忆中关于西双版纳的美好印象。

傣族人爱水，泼水节声名远播。每年4月中旬，数以万计的游客会赶到西双版纳，与当地人一起泼水狂欢。如果你走在路上，有人突然冲你泼来一盆水，可千万别恼，那是象征吉祥如意的圣洁之水。

如今，为了发展旅游，泼水狂欢已不仅仅只在泼水节期间才有了。景洪城外的傣族园里，每天下午都有泼水狂欢。靓丽的傣族少女与游客互泼圣洁之水，有“湿透全身，幸福终生”的说法。

傣族人信仰南传佛教，在西双版纳的村寨山林间，常常可以见到佛寺、佛塔等佛教建筑。景洪市勐龙镇的曼飞龙佛塔，是西双版纳最著名的佛塔群，距今已有800多年的历史，非常值得一看；位于傣族园内的曼春满古佛寺和曼听佛寺，也大力推荐。如果你到了勐海，县城14千米外的全国重点文物保护单位景真八角亭，就掩映在百年菩提树下，千万不要错过。

除了傣族，西双版纳其实还世居着哈尼、拉祜、布朗、景颇等13个民族。傣历9月15日、12月15日，傣族和布朗族会过关门节、开门节；勐海的哈尼族，1月2日到4日要过嘎汤帕节……许多民族节日你可能从未听过，却是异彩纷呈。所以，即使没有知名景点，就随意地在一些少数民族寨子中走走逛逛看看，跟他们一起过个传统节日，感受最原生态的民族文化，也会是一段悠闲惬意的时光。

① 傣族水井 ② 傣族园 · 泼水狂欢

傣族园

傣族园

位于勐罕镇橄榄坝，有保存完好的五个傣族自然村寨，以及千年积淀的民俗风情。景区内有许多农家乐，游客可以在这里住傣家楼、吃傣家饭，体验刻写贝叶经、慢轮制陶、制作象脚鼓、织锦纺线等传统技艺，感受做一天傣家人的乐趣。

园内的曼春满古佛寺已有 1400 多年的历史，是西双版纳最古老的佛寺之一。与佛寺紧邻的金佛塔，通体涂刷金粉，阳光下格外灿烂夺目。同在园内的曼听佛寺内，有 40 多幅巨幅壁画，反映佛祖讲经传教、僧侣日常生活、百姓赕佛布施等内容。曼听佛寺前是曼听白塔，距今也已有 1300 多年。

基诺山寨

基诺族，是西双版纳独有的民族，也是中国的第 56 个民族。“基诺”，意为“舅舅的后代”或“尊敬舅舅的民族”。在西双版纳基诺山的深山密林中，分布着 40 多个基诺村寨，聚居着 17000 多人，他们是从原始社会末期直接过渡到社会主义社会的“直过民族”。

基诺山寨是基诺族传统文化保护区，也是全国唯一一个全面集中展示基诺文化的旅游景区。这里至今还保留有氏族大家庭共居的长房遗迹、青年人谈情说爱的“公房”遗址，以及残存的刻木纪事、剽牛、树叶信等古俗遗风，有被列入第一批国家级非物质文化遗产名录的基诺大鼓舞，还有具有原始狩猎特色的乐器奇科、布姑演奏。

• 民俗节庆

每年 2 月 6 日至 8 日，是基诺族传统的特懋克节，人们杀猪宰羊、开怀畅饮，还要打起太阳鼓，载歌载舞，通宵达旦。

• 交通

位于景洪市基诺乡，距离景洪市区约 50 千米，从景洪坐到勐仑、勐腊的班车，在基诺山寨景区下车即可。

曼飞龙佛塔

曼飞龙佛塔是傣族悠久文化和历史的象征。据史料记载，佛塔建于傣历 565 年，距今已有 800 多年的历史，由一座母塔和八座子塔组成，九塔立地，如青笋林立，故又称曼飞龙笋塔。如今，它是全国重点文物保护单位，也是西双版纳久负盛名的旅游景点。

曼飞龙佛塔所在的曼飞龙村，地处景洪市勐龙镇，是一个风景秀丽的傣族古村落。你可以在竹楼上品尝傣家传统的手捏米线，也可以和傣家银饰工匠讨价还价，挑选一件喜欢的银饰。

• 民俗节庆

傣历 1 月 15 日是曼飞龙村一年一度

勐景来

赕塔的日子。当地人说，不管你是何人，无论你是心祈良愿还是只为礼佛，只要在这里安放信仰，燃上一炷香，倾听至真的梵音,所有的虔诚祈祷都能得到圆满结果。

勐景来

傣族传统村寨勐景来,在勐海县境内,地处中缅边境，距打洛口岸 5 千米。打洛江从寨子旁流过，形成天然的国境线，江对岸就是缅甸。两国人民和睦相处，互助友爱，勐景来因此有“中缅第一寨”之称。

村寨内，田园风光秀美，傣家人热情好客；58 座塔林庄严肃穆，与千年菩提树相依相伴，佛教文化浓郁。你还可以在中缅界河上漂流，可看到河岸边的傣族人家、香蕉园，有时还能见到小孩赶水牛下河、中缅两国人民在江中浣洗等边境生活场景。

味道

大吉大利，到勐海吃鸡。一人一只，用手撕着吃会非常过瘾。当地人习惯将一斤左右的鸡，拔毛洗净后码上作料，腌制后再用火烤，烤后皮焦肉嫩，汁鲜肉美，香气扑鼻，即使文文静静的小姑娘，吃下一只也不会太困难。

· 住宿

勐海

名称：勐海观茗悦客栈

地址：勐海镇曼真村弄回歪水库，近茶马古道

起价房型：广别傣式别墅独栋大床房

价格：575 元

星级：3 星

名称：勐海曼雅酒店

地址：富比仕街区 3 栋，近 214 国道

起价房型：雅致单人间

价格：152 元

星级：3 星

名称：勐海国威大酒店

地址：南海路中段 14 号

起价房型：高级双人房

价格：438 元

星级：5 星

· 医院

勐海县人民医院

地址：勐海县象山镇象山新街 38 号

· 提醒

当地傣族群众称少男为“猫多哩”，称少女为“哨多哩”，学会这样的称呼可以拉近与当地人的距离。但一定要尊重当地习俗和传统，如上傣家竹楼前要脱鞋、不要抚摸小和尚的头等。

茶山深度游

普洱茶是云南最有名的土特产之一。云南的西双版纳、临沧、普洱等地区，是普洱茶的主要产区。随着旅游方式的升级，越来越多的游客已不再满足于只是单纯地购买普洱茶产品，而是希望能够到原产地去亲身感受茶叶生长、采摘、加工制作的过程，加之茶山上空气清新、民族风情浓郁，“茶山游”正在极速升温。

西双版纳茶山山头众多，是“茶山游”的主要目的地。易武、倚邦、革登、莽枝、蛮砖和攸乐，是西双版纳最为知名的“古六大茶山”（攸乐就是现在的基诺山），但有的已经荒废，有的旅游接待条件欠佳，难以成行。如今，茶友造访较多的是易武、南糯山、章朗、贺开等知名茶山。行走山间，是种享受；雨后初霁，景色尤佳。

一位酷爱“茶山游”的朋友曾这样写道：如果不计较接待条件，最好在茶山上住一晚。晚上尽情享用民族生态美食，并和民族兄弟干场酒后，找个地方躺下来，远眺星空，听听虫鸣，闭上眼睛，感受清爽的风拂过身体，把自己沉入大地。那时什么也不想，杳杳空寂里，羽化成仙人。如果恰逢有雨，即于房檐下静坐听雨，待窸窣的穿竹打林声，打湿你的记忆。第二

天一早，眼前青山如黛，云海翻腾，鸟雀啾鸣，浮生有此清福，不计百般辛苦。

资深茶友建议，从景洪出发，沿南糯山、勐海县城、贺开古茶山，一路游下去，直到普洱景迈山，对于初级茶友，这就足够了——想一趟走遍云南茶山，不可能也没必要。

但“茶山游”启程之前，一定要做好准备！不同于去丽江、大理和腾冲，“茶山游”内容单一、行路艰难、条件有限、看点分散、变数较多，总之还处在培育期。你想去老班章，一场雨就可能给你“泡汤”；你想跑远点儿，可九曲回肠的山间土路足以让你晕车到吐、徒步到崩溃。

目前，云南还鲜有大的旅行社涉足“茶山游”，多是一些茶企经销商在运作。而茶山地处偏远，自驾游的话得有当地人带路，才能避免误打误撞。如果你真想来，雨季当前，还是建议买一份保险。

不过，也不要被吓回去，“茶山游”本就是不走寻常路——猎奇族、探险派、治愈系、创富党们，想好了就出发吧。

易武

易武位于西双版纳勐腊县西北的山顶上，适宜“普洱大叶茶种”生长。据资料显示，如今，全乡拥有茶叶面积超过了 4 万亩。在易武古镇上常能见到慕名而来的茶友，以及全国各地来收茶叶的商人。

易武是云南特色旅游乡镇和历史文化名镇，这里是茶马古道的源头和普洱茶的原产地之一，七子饼茶的故乡。易武茶在历史上曾作为贡茶，使这里一度成为普洱茶的圣地。如今，这里保留有早年运茶的古道，镇上还建起了中国普洱茶古六大茶山茶文化博物馆，对此感兴趣的游客不妨到此一游。

易武距勐腊县城约 110 千米，从景洪前往比较方便。

南糯山

南糯山

南糯，在傣语里是“出产笋酱的地方”。当年，这里做的笋酱好，进贡到山下的傣王宫。如今，这里却以茶叶出名，连片的古茶园躲在森林里。

南糯山号称“全球古茶第一村”，被称为茶树王的栽培型古茶树，树龄有800多年，可惜在1994年死去。后来，人们在附近再立“新君”，接受朝圣者的膜拜。

南糯山的寨门就在景洪到勐海的公路旁，因为离景洪城只有四五十分钟的车程，气候又比景洪凉爽舒适得多，这里便成了人们避暑赏茶的好去处。山上村民多是哈尼族，村里民宿众多。天气好时，站在山上，左手景洪，右手勐海，两座城池依稀可见，让人心生豪迈之情。如果再加上幻化无边的烟雾流霞和时而自在时而莽撞的风，这里真是一个理想的山居之地。

老班章

“老班章”号称茶王，讲究所谓的茶气。纯正血统的老班章茶气是普洱茶中茶气最足的一款茶品，老班章因此成为多少普洱茶人的心头之好。去老班章一趟不容易，它的江湖名气又那么大，路上颇有点“朝圣”的感觉——朝的是“山头茶之圣”。

老班章是哈尼族寨子，位于勐海县布朗山乡政府北面，距勐海县城约60千米，与景洪市区有100千米左右的车程。

老班章的古茶园里，生态尤其好，成片的茶园掩映在森林中，茶树根部都有胳膊粗细。传说中的几棵茶王树被栅栏、铁丝网围了起来，一副闲人勿近的样子，成为身份的象征。最大的“树王”前面，拍照有时候需要排队，嘘唏感叹之声不绝于耳。

• 提醒

需要提醒的是，去老班章的路是出了名的烂，山路弯弯，转来绕去，常会有晕车、心慌等情况发生，游客一定要做好准备。

章朗

“章朗”是傣语，直译为“大象冻僵的地方”。但章朗村却是个古老的布朗族村寨，位于勐海县西定乡政府南4千米处。章朗村周边的森林里，生长着布朗族先民们栽种的近千亩野生型古茶树，有的已有近800年的历史。与很多茶乡不同，章朗最具吸引力的除了它的天然和原生态，还有深厚的文化底韵。

寨子中有一座千年古寺，珍藏着100多卷贝叶经，成为村民们的骄傲。村外还有一口千年古井，相传释迦牟尼的弟子走到村前，大象口渴难忍，便用鼻子在地上钻出一口水井。它们至今仍在诉说着章朗的悠久历史。

茶与文化原本不分家，茶禅一味即是明证。

磨憨口岸

◎到老挝去

西双版纳与老挝接壤，许多游客会选择经由西双版纳，前往老挝。

每周四、周日，老挝航空各有一趟由景洪直飞老挝琅勃拉邦的航班。

琅勃拉邦是老挝著名的古都和佛教中心，也是老挝最为著名的旅游胜地，已被列入世界文化遗产名录，清晨布施是其一大景观。

如果走陆路，则需要从西双版纳的磨憨口岸出境。磨憨周边，是以傣族为主，汉、哈尼、苗、瑶、拉祜、布朗等多民族聚居的区域，森林覆盖率超过 80%，包括保存完整的热带原始森林，因此被誉为“中国最美的森林口岸”。这里可以看到中老 29 号界碑，还设有中老界碑史展厅。

目前，景洪客运南站（电话：0691-2137105）、景洪客运站（电话：0691-2123570）、勐腊客运站（电话：0691-8122671）都有发往老挝方向的班车，但具体线路、发车时间、票价，需提前电话咨询确认。

到达磨憨口岸出境前，必须办好签证。老挝驻昆明总领事馆驻景洪领事办公室位于景洪市告庄西双景综合楼 210 号，电话：0691-2219355。

·住宿

名称：勐腊磨憨傣缘驿站

地址：磨憨经济开发区磨整村

起价房型：标间

价格：220 元

星级：民宿

名称：勐腊雨林传说民宿

地址：磨憨口岸龙塘村内

起价房型：单人间

价格：500 元

星级：民宿

08

普洱

穿越普洱太阳河国家公园的茂密丛林，找寻原始孑遗的史前植物，与小熊猫、蜂猴、长臂猿等亲密互动；北回归线穿城而过的墨江，双胞胎出生比例远超正常水平，吸引了无数想要“儿女双全”的小夫妻纷纷前来。普洱的舒适度和多样性，都超乎你的想象。

因为茶马古道和普洱茶的缘故，普洱知名度超高。但过去很长一段时间，说起到普洱旅游，却很难有代表性的景点。虽然处于昆磨高速的重要节点，是前往西双版纳的必经之地，但大多数游客都是匆匆路过，并不游览。

2017 年 5 月，澜沧景迈机场通航运营，普洱拥有了除市区思茅机场之外的第二个机场。而澜沧景迈机场主要辐射的澜沧、西盟、孟连三县，位于普洱西部，有“绿三角”之称，此前交通不便，真正是“养在深闺人未识”。你可以到澜沧景迈山古茶园，跟布朗族村民一起采茶、品茶；可以走入西盟佤族圣地“龙摩爷”，感受数千个牛头挂满树梢、峭壁带来的心灵震撼；来到孟连娜允古镇,古老的土司建筑,融合浓郁的傣族文化氛围,会给你不一样的边城体验。

有一首从澜沧老达保村唱响的拉祜族民歌叫《实在舍不得》，“你没看的风景像山花一样多，还有多少思念的河；你留下的情像火塘燃烧着，还有好多酒没喝……”如今在普洱家喻户晓，成为迎来送往和祝酒时的必唱曲目。如果你沉下心来，重新发现了普洱的妙曼多姿，也会对这里留恋不舍吧。

普洱太阳河国家公园

普洱太阳河国家公园

普洱市区思茅，此前一直没有能够吸引外地游客久留的大型景区，直到太阳河国家公园被打造出来。

丰富的植物资源，构成了太阳河国家公园独特、多样、秀丽、清幽的森林景观，森林覆盖率高达97%。这里是目前我国面积最大、连片典型的季风常绿阔叶林分布地；区内分布着蕨类以上高等植物2100多种，滇新樟、云南臀果木、密花树、美花石斛等均为云南特有品种。

公园内，800多种野生动物自由栖居，包括爪哇野牛、蜂猴、金猫、云豹、菲氏叶猴、苏门羚、大灵猫等。

游客进入公园，可以与小熊猫、蜂猴、长臂猿等多种野生动物亲密互动，观赏水鸟在绝美湿地涉水、觅食；穿越原始森林，探秘万丈高深的古树、清澈见底的深河、形状怪异的奇石，以及隐蔽罕见的奇怪草药。

这儿还有普洱少数民族原生态歌舞表演，你也可以上台，和美丽的少数民族姑娘一起跳起竹竿舞和甩发舞，纵情狂欢于这青山绿水间。

太阳河国家公园位于思茅区东南31千米处，距思小高速公路南岛河出入口仅

6 千米。公园异常广阔，总占地面积超过 216 平方千米。

· 最佳旅游时间

普洱冬无严寒，夏无酷暑，全年宜游。但 5 月至 10 月，降水较多，出行需留意天气变化。

· 住宿

名称：普洱曼悦酒店
地址：茶城大道 46 号 95 栋
起价房型：经典双床房
价格：350 元
星级：4 星

名称：普洱景兰大酒店
地址：振兴大道 68 号
起价房型：豪华标间
价格：248 元
星级：4 星

名称：普洱道氏山庄
地址：曼连村乐海子山
起价房型：静园标间
价格：380 元
星级：4 星

· 医院

普洱市人民医院
地址：思茅区振兴大道 44 号

宁洱

宁洱哈尼族彝族自治县，原先叫普洱县，是普洱茶的核心原产地和茶马古道重镇，南距普洱市区仅 33 千米。从昆明、玉溪，沿昆磨高速前往普洱、西双版纳，都会路过这里。

电影《阿诗玛》中阿诗玛的扮演者杨丽坤的故乡磨黑镇、茶马古道重要驿站那柯里和被誉为“新中国民族团结第一碑”的民族团结誓词碑，是宁洱的主要看点。游览所需时间都不会太长，因此不必在此住宿，匆匆一看，赶往下一站即可。

磨黑古镇

磨黑是傣语音译，为“盐井”之意。早于汉代，这里就已经开始采盐。磨黑镇还是茶马古道上的重要驿站，因盐茶商贸而繁盛一时。如果你看过电影《五朵金花》和《阿诗玛》，对电影演员杨丽坤就应该不会陌生，她就是出生在磨黑的一位彝族姑娘。

磨黑镇位于宁洱县东北部，距县城 24 千米，为云南省历史文化名镇和云南省特色旅游小镇。镇上最为气派的老宅子走马转角楼，可以参观游览。恢复重建的杨丽坤故居，布置有杨丽坤生平与艺术成就方面的展览。磨黑中学，是省级爱国主义教育基地。

普洱

那柯里茶马驿站

宁洱县同心乡那柯里村，距宁洱县城 22 千米，曾为茶马古道上的重要驿站。那柯里段茶马古道遗址至今保存完好，荣发马店、风雨桥以及当年马帮使用过的马灯、马饮水石槽等遗迹遗物也还能看到。对茶马古道文化感兴趣的游客，可以来此访古寻幽。

民族团结誓词碑

1951 年元旦，宁洱专区 26 个民族代表和党政军领导剽牛盟誓：“我们二十六种民族的代表，代表全普洱区各族同胞，慎重地于此举行了剽牛，喝了咒水，从此我们一心一德，团结到底，在中国共产党的领导下，誓为建设平等自由幸福的大家庭而奋斗！此誓。”

誓词被镌刻在一块石碑上，成为民族团结、携手共进的见证。历经风雨，誓词碑如今巍然矗立于宁洱县城北边的民族团结园内，仍旧保存完好，字迹清晰。

墨江北回归线标志园

墨江

墨江是中国唯一的哈尼族自治县，但县城里的哈尼风情并不是特别浓郁，反而是有关双胞胎的话题，最被津津乐道。

这个仅有 36 万人口的小县城，竟有 1200 多对双胞胎，远远超出正常的比例。云南人之间打趣，或者向外地朋友介绍墨江时，常常会说“到墨江去喝双胞井里的水”，言语中充满着欲言又止的意味。但的确有不少外地人为了实现生双胞胎的愿望，而长住墨江。

说来奇怪，在墨江，不仅人生双胞胎的多，植物也有不少双生现象。虽然现在还不能完全解释清楚这些现象，但许多人都认为，这与北回归线穿越墨江县城可能有些关系。

北回归线从墨江县城穿过，让县城三分之一处在北回归线以北，处于北温带；三分之二则在北回归线以南，处于亚热带，这在全世界都是罕有的。于是，来到墨江，便有了“你在温带，我在热带”的浪漫情缘。

北回归线标志园

位于县城西部，始建于1993年，园区以2038年北回归线实标位置为主轴线，依山势的自然走向，从山脚到山顶依次建有回归之门、日月交辉、日晷计时、主标馆、双子星广场、天文馆、哈尼取火台等景点，是目前世界上规模最大、功能最齐全的北回归线标志园之一。

国际双胞文化园

建于县城西片区的河西村。园内两潭双胞井，是整个文化园的核心，井水清澈见底，清甜可口，游客来此，大多会舀水品尝，希望喝过双胞井水，也能实现生双胞胎的美好愿望。园内还以照片、雕塑等多种形式，展示着双胞文化。

墨江国际双胞文化园

碧溪古镇

距墨江县城仅8千米，曾是茶马古道通往昆明方向的重要驿站，有许多为马帮服务的商铺和马店。如今，“碧朔”这样的古名还镌刻在古镇的东门城楼上。古镇内以八角楼为中心，两条主街道交叉呈十字形，大量民居四合院沿街排布，包括李家大院、何家大院等当时碧溪4大富商的宅院。

民国初期被誉为“光复英雄、护国将军”的庾恩旸，也出生在这里，古镇上的庾家故居至今保存完好。台湾歌手庾澄庆，就是庾恩旸家族的后人。

• 住宿

名称：墨江双子星大酒店
地址：南片区凤凰1号8栋
起价房型：标间
价格：318元
星级：4星

名称：墨江秘境奇缘民族主题酒店
地址：哈尼族自治县双胞胎小镇3号
起价房型：特色主题房
价格：328元
星级：3星

普洱

澜沧—西盟—孟连

这是普洱乃至整个滇南地区最值得被推荐的一条新兴旅游线路。澜沧景迈机场的通航，将从昆明直飞澜沧的时间缩短到 50 分钟，游客终于可以免受长途颠簸之苦，就能深入这片被隐藏的秘境。

如果你时间有限，不能三县兼顾，来到这条线上的任何一座小城，都会有新鲜的旅行体验。

澜沧

「景迈山古茶园」

想要品茶、养生，就上景迈山——2.8 万亩古茶林连绵不绝，公路、村庄都在茶树的掩映和环绕中。天蓝得通透，云白得圣洁，空气清新得叫人忍不住一个劲儿地往肺里吸。阳光穿透密密层层的枝叶洒落下来，能清晰地看到一条条的光束。

景迈山古茶园位于澜沧县惠民镇东南部，距澜沧县城 74 千米。现有 320 余万株古茶树，其中 100 年以上的古茶树有 50 多万株，是目前世界上保存最完好、年代最久远、面积最大的人工栽培型古茶园。芒洪八角塔、哎冷祭茶魂台遗址、翁基古寺和古柏、勐本金塔、蜂神树等与宗教文化和茶文化相关的历史文化遗迹保存完好。明代以来，这里的茶叶就已成为皇

澜沧景迈山

室贡品，还沿着茶马古道远销东南亚、南亚等地区。

景迈山上的景迈、芒景、芒云等村内，生活着布朗、傣等少数民族。寻一处当地布朗族或傣族人家投宿，坐在传统的干栏式竹楼上，沏一杯原生态的景迈古树茶，看满眼皆绿，闻鸟语花香，自是神清气爽、悠闲怡然。

「老达保」

距澜沧县城 42 千米的老达保村民小组，是个拉祜族村寨。村民们不仅擅长芦笙舞、摆舞等传统歌舞，还会吉他弹唱。他们凭着对音乐的满腔热爱，创作出了《快乐拉祜》《实在舍不得》等拉祜族歌曲，在普洱脍炙人口，还多次登上央视舞台。

澜沧"盛产"好歌。电影《芦笙恋歌》讲述的故事也发生在澜沧，电影中的插曲《婚誓》，陪伴许多中国人度过了自己的青春。"阿哥阿妹的情意长，好像那流水日夜响；流水也会有时尽，阿哥永远在我身旁……"走在澜沧的街头山乡，常能听到这首歌。

· 住宿

名称：澜沧华隆大酒店

地址：芦笙路与温泉路交叉口西南角 50 米

起价房型：豪华标间

价格：288 元

星级：4 星

西盟

「勐梭龙潭、龙摩爷」

西盟是佤族自治县，勐梭龙潭就在西盟县城中，沿着环湖栈道缓缓前行，一边是清澈的湖水倒映着蓝天白云，一边是各种植物恣意生长。湖畔的密林深处，有一处龙摩爷圣地，是佤族神秘的原始宗教祭祀圣地，相传是众神灵的聚集地。

佤族曾有猎头祭天的习俗，虽已成为过去，但如今走入龙摩爷圣地，可见谷底树梢和悬崖峭壁上到处都是水牛头骨，有的已经长出暗绿色的青苔。那种视觉冲击

西盟龙摩爷

普洱

西盟县城

和心灵震撼，如果不亲临现场，再真实的文字也难以描摹。

「西盟县城」

《阿佤人民唱新歌》就是在西盟唱响的。曾经偏远落后的小城，早已换了新颜。如今的西盟县城，不是千篇一律的“火柴盒”楼房，而是拥有全国最大的佤族风格建筑群。茅草屋顶式样、黑底红纹的佤族原始风格，加上周边被茂密的原始森林环绕，让西盟县城看起来就像是童话中的存在。

此外，西盟县城周边，还有里坎瀑布、佤山榕树王、老县城勐卡等也值得一游。

· 住宿

名称：西盟秘境佤寨稻田庄园

地址：龙潭路 383 号龙潭公园内

起价房型：森林绿屋大床房

价格：680 元

星级：4 星

孟连

与缅甸接壤的边城孟连，民族风情浓郁。它是傣族拉祜族佤族自治县，虽然只有 14 万人口，却拥有 21 个少数民族。

「娜允古镇」

位于孟连县城的娜允古镇，距今已有 700 余年的历史，是中国现存最完整的傣族历史文化古镇，由“三城两寨”组成，有着严格的等级划分。

上城，原是土司及家奴居住的地方，

①孟连 ②西盟佤族酒歌

现存主要建筑有上城佛寺和宣抚司署。中城是当年宣抚司署的官员及家属居住的地方，现存古建筑有中城佛寺以及土司岳父和其他官员的住宅。下城则是下级官员的住处。原古建筑下城佛寺已毁于火灾，在下城佛寺的原址上，2011 年 2 月建成了孟连总佛寺。而上城旁的芒方岗、芒方冒两个寨子，是宣抚司署的林业官和猎户居住的寨子。

「宣抚司署」

现存建筑重建于 1878—1919 年，融傣、汉建筑特色为一体，是云南清代土司衙署的代表，目前是全国重点文物保护单位，也是孟连县民族历史博物馆所在地。在这里，你可以感受土司文化，欣赏宣抚古乐舞，品味宫廷美食。

「孟连金塔」

南垒河畔的孟连金塔，于 1997 年 4 月建成，由 8 个小塔环抱一个主塔，主塔高 31.68 米。有风吹过，塔上的风铃便叮当作响，充满别样的佛国意韵。

此外，到了孟连，还可以游览腊福天池、勐马飞瀑、景信溶洞、独木成林等景点。

• 住宿

名称：碧云酒店
地址：孟连新客运站斜对面
电话：0879–8725386
起价房型：普通标间
价格：70 元
星级：3 星

名称：华城金源大酒店
地址：近孟连新客运站
电话：0879–8911999
起价房型：普通标间
价格：158 元

09

临沧

你可能喝过滇红茶，却未必留意它产自临沧。

在许多外地人的印象里，临沧是个非常陌生的名字。即便对于云南人来说，临沧市区的城市特色也很不鲜明。或许正是因为久久未被游客注意到，有人便将“云南最后的秘境”这顶桂冠戴在了临沧头上。

从貌不惊人的市区走出来，佤乡沧源正在成为新兴旅游目的地；南汀河畔，孟定坝子上的傣族风情并不输西双版纳和德宏；而走到凤庆，品一口温热的滇红，又会是别样的悠闲惬意……

平日里来，临沧各地的游客都不是太多，你大可尽情地享受一趟清静闲适的旅程。五一前后的“摸你黑”狂欢节以及泼水节期间，沧源、孟定等地则会非常热闹，最好提前预订食宿。

沧源“摸你黑”狂欢

沧源

中缅边境的沧源佤族自治县，是临沧乃至整个滇西地区最有潜力的热门旅游区。尤其是2016年12月，沧源佤山机场建成通航，从昆明前往沧源不必再坐汽车经由临沧市区中转，时间也从过去的10多个小时，缩短到空中飞行1小时左右，大量游客开始关注并进入这片滇西秘境，沧源大有对标腾冲的意思。

但是，与腾冲的汉地文化不同，沧源主打佤族文化。这里是我国最大的佤族聚居县，古时又称“葫芦王地”。神秘的“司岗里”传说，是佤族的创世史诗，含义即为葫芦或山洞里出来的意思。

佤族是个古老而神秘的民族，佤族先民在沧源境内留下了大量崖画，距今已有3500多年的历史。佤族曾有猎头祭祀的习俗，直到中华人民共和国成立后才告终结，如今在翁丁佤族原始古村落，依然可以看到祭祀木桩。

佤族又是个热情奔放的民族，其歌舞古朴粗犷，在云南的民族歌舞中极具特色。到了沧源，一定不能错过木鼓舞、甩发舞表演。这些表演热烈欢腾，感染力极强。如果沉静下来，听一听《月亮

沧源翁丁

升起来》《想你》等佤族歌曲，更会令人心醉。

地处边境，沧源的自然风光也与内地相异。你可以沿着甘蔗地中的栈道，移步换景，饱览峭壁上的天然壁画与董棕林相映成趣的绝美景观；也可以登上瞭望塔，俯瞰南滚河的热带雨林，运气好的话，说不定还能偷偷看上一眼野生亚洲象和白掌长臂猿。

广允缅寺

沧源县城里的广允缅寺，建于清代，占地面积 2000 多平方米，是中国南传佛教的三大古建筑之一，融汉、白、佤、傣等民族文化和佛教文化于一身，建筑、雕刻、绘画等颇具特色，现为全国重点文物保护单位。

寺内亭阁前方两根木柱上，各有一条倒悬的木雕巨龙，龙尾在上，龙身盘柱而下，龙首高昂，其间祥云缭绕，堪称木雕艺术中的精品。大殿里保存有 10 幅彩色壁画，既有佛教故事，也有社会风俗图景，真实地再现了当时的社会状况，是难得一见的中国古代边地风情画卷。

翁丁

翁丁，佤语意为“云雾缠绕的地方”，距沧源县城约 33 千米，是目前沧源境内保存最为完整的佤族原始村落，也号称“中国最后一个原始部落”。村内至今保留着佤族原始的干栏式住房建筑，由茅草和竹木盖成。寨门、寨桩、女神图腾柱、木鼓房、人头桩等，以及许多传统习俗，都是佤族原始文化的生动记录。

翁丁周边，山多林密。上到高处的观景台远望，可见连片的灰褐色佤族民居掩映在苍翠的群山绿树之间，云雾缭绕时，更有超然世外之感，是体验沧源佤族文化的必游景点。

崖画谷

沧源崖画谷景区位于勐省镇经勐来乡、县城勐董镇至永和口岸长达78千米的人峡谷内，有柏油公路贯穿其间，一路行来，佤族民俗文化与边境自然景观，可一览无余。

「沧源崖画」

经考证，沧源崖画为3500多年前新石器时代晚期佤族先民们所绘，现已发现15个点，共1100多个图案，画面多呈暗红色。目前，主要有两个崖画点可以参观游览。第一崖画点位于勐来乡，图案较为完整和集中，画面内容多为狩猎、舞蹈、战争、采集、祭祀等活动。第二崖画点位于丁来乡，崖画内容主要反映人们的现实生活场景，比如人们在寨子中舂米，或驱赶猪羊等，非常生动有趣。

「司岗里溶洞」

距第二崖画点不远，穹形的洞顶让整个溶洞看上去开阔而又壮观。洞中的钟乳石、石柱、石笋、石花等，奇形怪状，参差错落。由于刚开发不久，洞内除了简单的照明灯光，还没有太多人工装饰的痕迹。

「千米国画长廊」

在崖画谷景区中段，班考民俗村附近，有一段长约3千米的峭壁，色彩斑斓，崖面造型各异，有的形如梯田，有的光滑平整，好似一幅天然的巨型壁画。山崖上下，与恐龙同时代、有着“植物界史前活化石”之称的董棕，密集成林，挺拔秀丽。崖前开阔的甘蔗地中建有徒步栈道，移步换景，一步一景，不由得让人感叹大自然的鬼斧神工。

「天坑」

沧源天坑群，共有7个天坑，距第一崖画点不远。最大的一个深235米、直径184米，坑底生长着桫椤、董棕等珍稀植物。但由于目前天坑景区尚未完成开发建设，还未对游客正式开放，虽有一些旅游宣传提及此处，但出于安全考虑，不建议游客擅自前往游览。

「永和口岸」

属国家二级口岸，距沧源县城14千米，与缅甸佤邦隔桥相望，是云南通往南亚、东南亚的重要通道。游客来到这里，可以看看国门、中缅界碑，也可以远眺缅甸风光。

沧源崖画

南滚河

南滚河国家级自然保护区主要保护亚洲象和热带季雨林景观。保护区内生活着亚洲象、白掌长臂猿、孟加拉虎等野生珍稀动物，还生长着桫椤、董棕、见血封喉树等珍稀植物，是科考探险、生态观光的好景点。

保护区横跨临沧市沧源、耿马两县，在距离翁丁不远的班洪附近设有瞭望塔，可以俯瞰南滚河。而想要看到野生亚洲象，其实并不容易。但如果进入雨林深处，仍要格外注意安全，谨防与野象突然相遇。

· 民俗节庆

近几年，沧源的“摸你黑”狂欢节开始声名鹊起。每年五一前后，大量游客涌入这里，沧源进入旅游最旺季。人们用特制的泥浆互相涂抹，纵情欢乐，有“摸黑一脸，快乐一年；摸黑一身，幸福终生”的说法。你，不想来试试吗？

味道

“佤王宴”过去原为佤王接待部落首领、异族使者及尊贵客人的盛宴，由鸡肉烂饭、牛干巴、牛排、烤鸡等 10 多道美食组成。如今，游客也可以在沧源的许多饭店、农家乐品尝到这些佤乡风味。“歌声不停酒不断”是佤王宴的一大特色，也让整个宴席始终充满欢乐。

· 住宿

沧源县

名称：加林赛大酒店

地址：司岗里大道
电话：0883-7122222
起价房型：普通标间
价格：150 元
星级：3 星

名称：佤山王朝酒店
地址：县农业局旁
电话：0883-7124888
起价房型：普通标间
价格：118 元
星级：3 星

名称：沧源佤山宾馆
地址：沧源农贸市场附近
电话：0883-7124988
起价房型：普通标间
价格：60 元

临翔区
名称：临沧和堂玥春
地址：忙畔街道茶苑路 1 号近祥临公路
起价房型：行政单间
价格：530 元
星级：4 星

孟定

孟定虽然只是临沧市耿马傣族佤族自治县下辖的一个镇，却在云南拥有很大的名气。不仅因为这里是国家一类口岸，可以便捷地出境进入东南亚、南亚地区，还因为这里热带风情浓郁，阳光炽烈，南汀河穿过平坦的孟定坝子。傣族群众在这里生活，让孟定成为继西双版纳和德宏之后的又一个柔情傣乡。

镇北郊外的洞景佛寺，为全国重点文物保护单位，因传埋藏有佛祖“舍利”而显得更为神秘，并在东南亚一带享有盛名。孟定坝子上，傣家村寨星罗棋布，你可以走村串寨，品尝傣味美食，体验傣家风情。芒团村的构树皮手工造纸工艺，是最为简单、原始和传统的傣族手工造纸技艺，如今已入列国家级非物质文化遗产名录，也是游客可以体验的项目。

泼水节期间，孟定格外热闹，虽然比起景洪、芒市来，游客还是要少一些，但同样可以尽享节日的狂欢。

凤庆

云南产茶，除了普洱茶，最有代表性的当属滇红茶。距离临沧市区约 120 千米的凤庆县，是滇红茶的主产区。1939 年，我国著名茶叶专家冯绍裘先生在这里创建“顺宁实验茶厂”，滇红茶由此而始。如今，凤庆被誉为“中国红茶之都”“世界滇红之乡”，有滇红博物馆，可以看看茶文化的历史遗迹，品品正宗的滇红茶。

凤庆的许多景点都与茶相关。在小湾

① 临沧双江茶山 ② 滇红集团 · 冯绍裘铜像

镇锦绣村香竹箐半坡上，有一棵栽培型古茶树，民间称“锦绣茶祖”，据考证已有3200年的历史，至今枝繁叶茂，被誉为“世界上最大、最古老的人工栽培型古茶树”。

而县城东北方向82千米处，澜沧江与黑惠江之间的鲁史古镇，是临沧境内保存最为完好的茶马古道重镇。古镇以四方街为中心，形成了“三街七巷一广场”的街巷格局。楼梯街，是保存较为完整的茶马古道过境段，小街两侧的民居、商铺顺山而建，间间相连，宛如一条巨龙直上云霄。镇内还保留有烙满马蹄印的青石古道，文魁阁、戏楼等古建筑，以及大量四合院、三合院民居建筑。由于距离凤庆县城需两个半小时车程，游客并不多，可以安静地游览而不被过多地打扰。但古镇不大，加之没有特别好的酒店，简单游览就返回县城即可。

· 住宿

名称：凤庆滇红大酒店
地址：凤城壹号路脚近客运站
起价房型：普通单间
价格：372 元
星级：4 星

名称：凤庆蒲宁寓庭院客栈
地址：凤庆县滇红古镇 B 区三栋
起价房型：标准间
价格：198 元
星级：民宿

10

楚雄

楚雄是彝族自治州，地处昆明到大理、丽江、香格里拉的黄金旅游线上，但除了火把节期间有些人气，平日里，省外游客大多不会在此停留。

昆明人还是比较喜欢到楚雄休闲放松、品尝美食的，尤其是雨季野生菌集中上市的时节，州府楚雄市，以及南华、武定等县都会挤满从昆明赶来的吃货。元谋的绿色蔬菜、特色水果，也很招食客们喜欢。

其实楚雄可看的地方也不少。元谋人遗址、元谋土林，在楚雄；中国第一个出土完整恐龙化石的地方——禄丰，也在楚雄。如果你不是那么赶时间，拿出一天半天的时间在楚雄周边吃吃逛逛，再往大理方向赶，想来也不会让你失望。

禄丰世界恐龙谷

禄丰世界恐龙谷

沿昆楚高速，从昆明进入楚雄的第一站就是禄丰县的世界恐龙谷，不到一个小时即可到达，并且设有专门的高速出口，下了高速就是景区入口。停留参观两个小时再往前走，时间也不会太紧张。

中国之大，有恐龙化石群的地方不少，为什么禄丰值得一看？

因为这里是中国第一个出土完整恐龙化石的地方，曾发掘出中国第一具恐龙化石标本——许氏禄丰龙。1995 年，禄丰恐龙再次震撼世界：在川街乡阿纳村近 1 万平方米的范围内，竟然发现掩埋了多达三四百具恐龙化石！这里因此被称作“恐龙大坟场”。

目前，禄丰县境内已发现恐龙化石点 28 处，已探明尚待发掘的恐龙化石超过千具。禄丰因此被誉为“恐龙之乡、化石之仓”。

更有意思的是，为什么禄丰境内发掘出的所有恐龙化石，头都朝向东方？为什么数量如此庞大的恐龙化石群中，却没有发现一枚恐龙蛋化石？为什么相隔 5000

万年的恐龙会在同一盆地里出现？一个个关于恐龙的谜团，吸引着无数研究者和爱好者来到禄丰。

2008 年，在禄丰县城以南 23 千米处的川街乡阿纳村恐龙山上，建起了恐龙文化旅游主题公园——世界恐龙谷。在大遗址馆 9999 平方米的展厅里，60 多条装架的恐龙化石或奔或爬、或卧或立、或龇牙咧嘴、或张牙舞爪，宛如侏罗纪再现，非常壮观。馆中还保留了一条地质剖面，恐龙化石就裸露在土层中，清晰可见。有时，还能看到专业人员就在一旁修复出土的恐龙化石。

世界恐龙谷门票 120 元，儿童半票。景区内还有一个较为现代的侏罗纪嘉年华。看完恐龙化石出来，可以带上孩子再体验一下新奇刺激的游乐项目。费用已经包含在了门票中，不用再另外购票。

• 交通

如果从昆明出发到恐龙谷一日游，可以到昆明沃尔玛关上国贸店的停车场乘坐恐龙谷直通车，早上 9 点从昆明发车，下午 2 点从恐龙谷返回，往返车票都是免费的。

• 医院

禄丰县人民医院

地址：禄丰县城金水路 12 号

楚雄市

从恐龙谷出来继续往西行车约一小时，就可到达楚雄州府楚雄市。这座彝族风情浓郁的小城，悠闲舒适，干净整洁，空气清新，食宿条件都比较好。到这里稍作休息，补充能量，你可以更精神饱满地再启程前往大理。

楚雄市区西北部的彝人古镇，是一片仿古建筑群，算是楚雄最知名的景区，但并不推荐专程前来，如果你正好行经楚雄，需要休息一会儿、吃点儿东西，可以考虑来这里。如果时间充裕，楚雄市区内的太阳历公园和楚雄州博物馆也可以看看。

彝人古镇

彝人古镇是仿古风格的文化旅游商业地产项目，位于楚雄市经济技术开发区，离楚大高速公路不远，在楚雄算是人气很旺的景区。

古镇以彝式风格为主，全景展示彝族文化，同时兼收并蓄了云南各民族的文化元素，还融入了江南园林特色，被认为是“浓缩了一个彝州，乔迁了一段江南”，有梅葛广场、彝文化主题公园、土司府、毕摩文化广场、清明河等景点。而众多餐馆、客栈、酒吧和土特产店也汇集于此，对于路过的游客来说，既能体验彝族风情，又能品尝彝家美食。

太阳历公园

彝族十月太阳历，是彝族先民创造的天文历法。它将一年等分为五季十个月，每月36天，每两个月为一季，合计360天，余下的5 ~ 6天为过年日。

位于楚雄市区内的太阳历公园，正是以这一古历法为主要标志，集中展示彝族优秀文化遗产。目前已建成太阳历雕塑广场、葫芦海、葫芦长廊、彝索桥、火把广场等景点，还有不同风格的彝族民居，是一处独具特色的中国彝族文化园。

楚雄州博物馆

位于楚雄市鹿城镇南端，占地60亩，总建筑面积11200平方米。馆内开设有古生物、历史文物、民族、动植物标本等多个展厅，闻名中外的禄丰腊玛古猿化石、元谋猿人牙齿化石、万家坝青铜鼓等一批珍贵文物，以及多彩的彝族服饰、民族手工艺绣品等，都让人眼前一亮。坐1路公交就可以到达。

• 民俗节庆

说起彝族，不得不提火把节，这是彝族传统中最为重要、最为盛大的节日。楚雄彝族自治州，是中国火把节最流行、最隆重的地区之一。每年农历六月二十五日，祭火祈福、耍火把、篝火跳脚狂欢等活动，会将彝族人的热情似火挥洒得淋漓尽致。火把节狂欢的主会场就设在楚雄市，如果火把节期间来，酒店价格会大涨，并且一房难求，最好提前预订。

彝族火把节

· 住宿

名称：楚雄昕路大酒店

地址：府后街 213 号，西站斜对面

价格：168 元

星级：4 星

名称：楚雄豁了院子清香木中国主题酒店

地址：彝人古镇清明街 D74 幢，近德运西路

价格：316 元

星级：2 星

名称：楚雄滇菌王大酒店

地址：彝人古镇西门德江城旁边，近东盛东路

价格：506 元

星级：5 星

· 医院

楚雄州人民医院

地址：楚雄市鹿城镇南路 318 号

急诊电话：0878–3123818

门诊事项电话：0878–3122029

公交线路：乘坐公交 1 路、5 路、6 路、7 路、8 路、10 路到楚雄一中站下，可以到达医院本部。

南华咪依噜风情谷

从恐龙谷出来，如果经过楚雄市区不停留，再往前约半小时，远远就能看到绿绿的山头上耸立着的巨型蘑菇雕塑，表明南华县到了。南华是远近闻名的“野生菌王国”，全县已知的野生菌种类多达 290 余种。每年七八月间，虎掌菌、松茸、牛肝菌等野生菌大量上市，会吸引昆明、楚雄等周边地区的许多食客前来一品美味。

县城以北 10 千米处的龙川镇岔河村有一处风景秀丽的咪依噜风情谷，南永公路贯穿其间，交通极为便利，过去尝尝纯天然无污染的山茅野菜，也是一种选择。

在那里，既可以看到彝族传统的建筑、服饰，又能感受丰富多彩的彝族风情，悠扬的三弦和奔放的左脚舞，很容易让游客受到感染。而彝族羊汤锅、大盘的烤羊肉、烧洋芋、苦荞粑粑醮蜂蜜等彝家特色菜，更是风味独特。如果七八月间来，各种鲜美可口的野生菌，保管让你欲罢不能；如果岁末来，还有机会品尝到地道的农家杀猪菜。

当地的住宿条件一般，如需入住星级酒店，可以回到南华县城或 30 多千米外的楚雄市内。但其实很少有游客选择留宿，在品尝过美食之后，就可以愉快地赶往下一个目的地了。

元谋

元谋名气很大，你可能在课本上读到过关于元谋人和元谋土林的介绍，但为此专程前来实地探寻的人却并不多。

有的像宝塔，有的像刀脊，发挥你的想象，还能看出更多名堂，让人不得不叹服大自然的鬼斧神工。其中，最壮观也最具标志性的“小西天”景观，位于物茂土林区域。

如果你只是普通游客，任选一处游览，就可感受土林的神奇。如果是摄影发烧友，建议日出日落时蹲守，很容易出绝美照片。

味道

素有“天然温室”之称的元谋热坝，盛产无公害果蔬，尤其是冬早反季蔬菜已形成一定规模。泡果、酸角糖是当地特色小吃，凉鸡、烤猪、素炒鸡枞则是元谋人待客的佳肴。

交通

元谋客运中心站位于元谋县马街南路6号，联系电话：0878-8211638，0878-8211015。游客可在客运站乘车直接到物茂土林。

· 住宿

名称：元谋大酒店

地址：源昌路1号（元谋人博物馆、元谋体育馆对面）

价格：358元

星级：4星

武定狮子山

狮子山风景名胜区距武定县城仅3千米，佛教文化底蕴深厚，自然风光秀甲

黑井古镇

滇中。每年3月至5月，万株牡丹争相绽放，这里都会举办牡丹花文化旅游节，适合家人同游，或呼朋唤友一起赏花。如果从昆明出发，一日往返绰绰有余，也可与元谋连成一线，途中顺道游览。

黑井古镇

位于禄丰县城西北92千米处的龙川江峡谷，因盛产食盐而闻名遐迩。自东汉初期开井煮锅盐，两千多年来，客商云集，车马喧嚣，多元文化和不同的生活方式也在这里渗透、交融。虽然如今冷清下来，但镇上仍留存下具有唐宋风貌的坊巷以及明清风格的民居，还有大龙祠、古盐坊、文笔塔、五马桥、飞来寺等古迹名胜。黑井因此跻身中国历史文化名镇之列。

始建于清末的武家大院，依山势而建，呈“王字形”布局，结构独特，四通八达，且至今保存完好。古盐坊里，人多的时候会有老法造盐的全过程展示，但并不是每天都有，似乎要看运气。

目前，到黑井旅游的多是楚雄、昆明、攀枝花等周边地区的游客，但仍算不上特别火爆。这反而为古镇保留下了古朴宁静的风貌。来到黑井，不要心急，慢慢行慢慢品。镇上已经开设有大量的客栈，如果能住上一夜，枕着寺庙的钟声和龙川江水的奔流声入眠，会是一件非常惬意的事情。

• 交通

昆明站每天早上有两班火车，会停靠黑井站。站外有许多私人客运车，可以把游客送往4千米外的古镇。如果选择汽车，可以先到楚雄市或禄丰县城，这两个地方的汽车站都有班车开往黑井。

• 住宿

黑井古镇的客栈数量很多，而游客量偏少，即使节假日也常有空房，还可以跟老板讨价还价。

名称：文庙精品酒店
地址：黑井古镇四街
电话：0878-4890399
起价房型：普通标间
价格：280元
星级：4星

名称：盐兴园
地址：黑井正街
电话：0878-4890380
起价房型：普通标间
价格：60元
星级：2星

石羊古镇

大姚县石羊镇距县城35千米，位于楚雄、大理、攀枝花三座城市之间，是云南首批公布的省级历史文化名镇之一。它

石羊古镇

是著名的“滇国盐都，祭孔圣地”，晒盐棚和孔庙成为石羊必游之地。

石羊孔庙始建于明代，建筑规模宏大，建筑格局完全按中国古代宫殿式衙署规模布置，结构严谨，宏伟端庄。大成殿内供有铸于清康熙年间的孔子全身铜像，高约 2.3 米，重约 2.5 吨，为现存最大的孔子铜像。

孔庙内还保存有一块“封氏节井”浮雕，由 6 块大理石拼成，长 4.1 米，高 2.2 米，镌刻着石羊的历史和风光，被外界誉为石羊的“清明上河图”。

石羊古镇制盐历史悠久，自西汉凿井采盐以来，就是云南井盐的盛产地，至今还有古盐井和起浓缩卤水作用的盐棚（号称中国最大的竹木晒盐棚），以及新建的石羊盐博物馆等，可供参观。

顺道一游

在大姚县西城门外的宝顶山顶，矗立着一座始建于唐天宝年间的白塔。塔高 18.4 米，顶部为圆锥形，腰部收缩，上大下小形似磬锤。它是云南早期舍利塔的实物例证，目前为全国重点文物保护单位。

味道

大姚是核桃之乡，碧鸡桃仁、四喜桃仁等以核桃为原料制作的菜肴据说有上百道。

• 住宿

名称：咪依噜大酒店

地址：大姚县咪依噜大街 54 号，新汽车站对面

电话：0878–8987777

起价房型：普通标间

价格：178 元

名称：庞业大酒店

地址：大姚县百草岭大街永盛小区对面

电话：0878–6039099

起价房型：普通标间

价格：188 元

11

大理

生活在别处，生活在大理。

找一个和风丽日的下午，跟爱人、朋友坐在洱海边漂亮的老院子里，就着梅子酒，吃一锅酸辣鱼。炮仗花、三角梅灿烂地翻出墙头，湛蓝的天空，白白的云飘得好低好低。我们用很长很长的时间，不慌不忙地聊一个很长很长的天。

许多人就是奔着这样有画面感的悠闲生活来大理的。“风花雪月”在这里具象为上关风、下关花、苍山雪、洱海月，随便拎出一个都可以直接入画。闲逛、骑行、徒步、发呆、睡觉、深呼吸……每个人都能找到和大理亲密接触的自在方式。

但大理又绝不仅仅只是一个简单的风景驿站，它是历史的鲜活延续，也是心灵的美好归依。这里的人们崇尚人与自然和谐相处，尊崇诗书礼仪、清白传家。不管外来文化如何冲击，他们始终坚守着自己的传统信仰，守护着自然的山水田园。

于是，大理成为一个满含诗意的远方。在浮躁喧嚣的尘世中，一路向西去大理，已经是一种时尚。涌入大理的有团队，有背包客，有街头艺人，有酒吧歌手，有一时冲动就裸辞的都市白领，也有功成名就的明星大腕……其中一些人会选择留下，在这里流浪、打工、种地，或者定居，成为“新大理人”。

但是，你千万不要误会大理只有苍山洱海间的悠闲自在和大理古城内的白族风情。只需要走出古城，一两个小时的车程范围内，你就能看到彝族的跳菜、回族的清真寺和古民居大院；“东方小夜曲”《小河淌水》从弥渡传唱到世界各地，鹤庆新华村打制银器的小锤也已经敲过一千年；鸡足山上，古老的佛寺香烟缭绕；巍宝山间，百年的山茶在道教宫观里开得正艳；南诏国发祥地巍山，也保留下一座市井气息浓郁的古城；而“茶马古道上唯一幸存的古集市”寺登街，依然在被时光遗忘的角落里等待着人们重新发现……它们，共同组成了一个更加令人欣喜的大理。

苍山及大理古城五华楼

苍山洱海风景区

下关

大理古城太过有名，以至于许多外地游客并不知道大理古城以南 10 多千米处的下关，才是大理州府和大理市政府所在地。不管是乘坐火车，还是走楚大高速公路，都是从下关进出大理的。

南诏时期，这里便是通往南诏国都的咽喉要冲。唐朝征伐南诏的天宝之战，也曾在下关一带上演过刀光剑影的悲壮一幕。龙尾关、将军庙、大唐天宝战士冢等遗迹，都与这段历史密切相关。

穿越岁月的烽烟，如今的下关已是滇西地区繁华的现代城市，也是通往丽江、腾冲等旅游胜地的必经之处。但更多慕名到大理的游客从这里下车，便迅速扑向古城，所以，下关的景点并不拥挤嘈杂，且多是本地人。在此经停时拿出半天时间走走逛逛，你会看到一个更加生活化、市民化的大理。

「龙尾关」

南诏王阁罗凤所筑的龙尾城，是南方丝绸之路和茶马古道的交会点。这里也是南诏通往外地的关隘，所以又被叫作龙尾关，自古就是兵家必争之地。唐朝与南诏进行的天宝之战，龙尾关外即是主战场之一。现存的龙尾关，仅保留了寿康楼（北城门楼）和西部一段百米城墙，高度不足1米。从西洱河上的黑龙桥往北，沿斜坡一直往上，就能到达。沿龙尾街穿过城门，街道两旁还能看到一些年代久远的历史文化小院，依然保持着古朴的风格。

「将军洞」

位于下关境内的苍山斜阳峰麓，因建有将军庙而得名，是下关香火最旺的本主庙。天宝之战，唐主将李宓兵败身亡，后被当地白族群众供奉为本主。将军庙始建于明代，山林环抱，环境清幽，也是下关的风景名胜区。当地人来此，喜欢到大青树下乘凉，到古龙祠牵红线求姻缘，到灵瑞庵求灵签，到观音钵泉取甘泉，到招鹤楼俯瞰下关全景。尤其农历八月十五是本主节，更加热闹，香火也会格外旺盛。

· 知识贴士

本主崇拜是白族特有的古老宗教信仰。本主意即“本境福主”，是本境之护佑与主宰之神，也就是村社的保护神。本主既有传说中的神佛菩萨，也有历代的帝王忠臣，既有民间传说中的英雄好汉，也有孝子、烈女、节妇及少量的自然神等。但本主并不令人望而生畏，而是和普通人一样有七情六欲，有妻儿老小、亲戚朋友。

几乎所有白族聚居的村寨都有本主庙，庙内供奉着木雕或泥塑的本主像。但由于本主众多，各村的本主节并无统一的节期，如果有幸赶上，可以体验一下它的盛大和热闹。

「天宝公园」

天宝之战，唐朝征伐南诏失利，大唐将士尸骨被南诏收集归葬于此。天宝公园内有一座特大古墓，即是著名的“大唐天宝战士冢”，俗称“万人冢”。

「大理州博物馆」

位于下关洱河南路上，是云南省兴建的第一家州级博物馆。整个建筑群极具白族特色，展览以南诏大理国历史和白族历史文化为重点，青铜文化、佛教艺术、大理石文化、陶瓷艺术、白族文化等陈列值得一看。

「洱海公园」

又叫团山公园，位于洱海南端，下关城区内，曾是南诏王的养鹿场，现在已经成为市民公园。沿长廊漫步到海心亭，听风看海；或缓步上到山顶，饱览苍洱风光，都是当地人生活的日常。山上还有梅园、动物园等，许多市民会来此散步、休闲。

· 住宿

作为大理市区所在地，下关的酒店宾馆自然不会少，且各种档次的都有。

只是来大理的游客几乎都想要住到古城或者洱海边的古镇里，反而给了在下关住宿的游客更多选择空间。想要深入体验大理文化，还是推荐住在古城。但从经济实惠的角度讲，尤其是在节假日古城房价上涨的情况下，到下关住宿也不失为一个好的选择。

名称：大理洱海天域英迪格酒店
地址：大理市下关镇滨海大道 015 号
起价房型：高级双床房
价格：956 元
星级：5 星

名称：大理墨白山海景客栈
地址：大理市下关镇机场路洱海传奇 A1-03 号
起价房型：日式花园大床房
价格：290 元
星级：民宿

· 医院

大理白族自治州人民医院
地址：大理市下关人民南路 35 号
公交线路：2 路公交在州医院站下车即到。也可以乘坐 1 路或 26 路，在人民公园站下车；乘坐 11 路，在龙溪菜场站下车；乘坐 9 路，在下关六中站下车，再步行至大理州人民医院。

大理古城

一脚踏进大理古城，人们从心底里感受到的依然是自在和悠闲。这可能就是大理的魅力，总是轻易就能将人俘虏。

苍山洱海之间，南诏国和大理国的都城虽已踪迹难寻，但如今这座始建于明洪武年间的古城，历经 600 多年风雨，规模、布局基本保持原样，已足够让人感知历史的温度。

《天龙八部》的侠骨柔肠，给了这座古城太多让人津津乐道的话题；酒吧、客栈、地摊文化，吸引着世界各地的文艺青年纷至沓来。酸辣鱼、梅子酒、乳饼乳扇，还有洱海里的海菜和各种鱼虾，是吃货们挪不开步的理由；而潺潺的清泉、不败的花枝、变幻的云彩，还有身旁一起消磨时光的人，则满足了人们对于诗意栖居的全部想象。

虽然强烈的商业气息不可避免地影响着这座古城，但传统的白族文化依然在这里赓续绵延，生生不息。拐进小巷，常能看到写有“和气致祥”“清白传家”字样的雪白照壁，三角梅、炮仗花从古老的院墙上伸出来，当地居民推着自行车载着孩子缓缓走过……古城的市井生活，就这样活脱脱地展现在你眼前。

「南门」

南门是大理古城的象征，城门上方镌刻着“大理”二字，因此成为游客最爱留

大理古城

影的景点之一。始建于明洪武年间的大理古城墙，今已残缺，南门一段经过修缮，相对完好，登临可俯瞰古城，远眺苍山。

建于大理国时期的弘圣寺塔（俗称一塔），历经千年风雨仍矗立在古城西南方的苍山脚下。在南门城墙上，能找到很好的远观视角一览弘圣寺塔的风姿。

「复兴路」

穿过南门，就是南北纵贯古城的主要道路——复兴路。一条石板铺就的古朴步行街，两侧民居相接、商铺林立，甚是热闹。循着潺潺流水和满目花香一路走来，还可以游览总统兵马大元帅府、五华楼、大理农村电影历史博物馆等景点。

「总统兵马大元帅府」

也称杜文秀元帅府，始建于清康熙年间，原是大理提督府衙门。1856 年，回族领袖杜文秀领导的农民起义军攻占大理府后，在此设立元帅府，直至 1872 年起义失败。如今，这里也是大理市博物馆所在地。

「红龙井」

一条数百米长的小街，因“清泉石上流”的迷人景观而受到游客追捧。沿复兴路与红龙井路交会口溯流而上，找寻四根龙柱守护的“玉白菜”，一路流水叮咚、水花飞溅，垂柳依依、花枝不断，非常有趣。许多小餐馆、小酒吧索性将桌椅摆到了水边的树荫下，尤其是入夜之后，光影朦胧，仙乐飘飘，是忙碌的都市人解压放松的好去处。

「五华楼」

历史上为南诏时期的国宾馆，有“南中第一楼”之美誉，现存建筑为近年重建，是建在一层台座上的三层阁楼，仍是大理古城的标志之一，常能见到游客在此拍照留影。如今，五华楼一带已经形成一定规模的书画市场。如果你对字画感兴趣，就可以绕行周边的店铺，说不定会有意外的收获。

「武庙会」

距红龙井不远，是在原大理武庙旧址上恢复重建的仿古建筑群，供奉关羽和一些本主的牌位，也建有不少商铺，是武文化与财富崇拜的象征。

「人民路」

许多城市都有“人民路”，但最知名、最文艺的，可能要数大理的人民路了。慢生活是它的标签，地摊文化吸引着世界各地的文艺青年和游客到访，美食、书店、酒吧、客栈也在这里扎堆，让你有玩，也有吃、有品。

这条东西向横穿大理古城的道路，地处古城的中心区域，向西可以出古城去往苍山方向，向东可以出洱海门往洱海去。它还与多条街巷交会，很适合闲逛、游玩。

「洋人街」

实际是大理古城复兴路口以西、护国路上的一段街道，因早前外国游客常在附近集散而得名。如今，“洋人街”的名气已经大过了护国路，街口立起写有“洋人街”的牌坊，“大理好风光，世界共分享”写尽了大理的美，也表达出大理人的开放包容和热情友好。这里有珠宝、古董等各式店铺可以闲逛，夜色中的酒吧更适合打发一段闲散的时光。

「蒋公祠」

清末腾越镇总兵、贵州提督蒋宗汉祠堂，建于清光绪三十一年（1905），坐北朝南，由大门、过厅、正堂、厢房及四耳房组成，是典型的清代祠堂建筑，同时融合大理地方特点，目前格局保持完整。大理非物质文化遗产博物馆也设在这里，包括神话故事、传统技艺、白族本主文化等内容展示，让游客得以更加深入地了解大理文化。

「大理农村电影历史博物馆」

国内首家专题农村电影历史博物馆，以文字、图片、电影海报、剧照等形式，介绍电影发展历史，特别对农村电影放映史进行了重点展示。展品涵盖胶片电影放映老设备、电影胶片拷贝、老电影海报、老照片、服装道具等，其中包括无声电影时代的放映机和《五朵金花》等大理题材的电影剧照。

「崇圣寺三塔」

崇圣寺始建于南诏，大理国时期为皇家寺院，被誉为“妙香佛国”，位于大理古城西北1.5千米处，西倚苍山，东对洱海。现存寺院庙宇为近年来重建，气势恢宏，但唯有三塔是仅存的古迹。

居中的主塔，又名千寻塔，通高近70米，为大理地区典型的密檐式空心四方形砖塔。两座小塔，高约42米，为八角形密檐式空心砖塔，南北拱卫主塔，形成三塔鼎足而立之势，雄伟壮观，也是大理的标志。

但是由于门票价格不低（75元），有的游客会选择在古城北面、苍山半坡、大丽公路等处远观三塔。如果想要拍到三塔在水潭中的倒影，就只能购票进入院内了。

味道

大理古城里，饭店众多，可以吃到许多特色美味。推荐大理酸辣鱼，以酸木瓜、腌酸梅汁、新鲜西红柿等调味，再加上洋芋条和白白嫩嫩的豆腐，酸爽开胃。当地人还喜欢用酸辣鱼的汤汁泡米饭。

崇圣寺三塔

洱海里打捞上来的海菜，是绿色食蔬的主打。清水洗净后，切小段与芋头一起煮汤，是白族人家的传统美味。

街头的小吃就更多了。乳饼、乳扇最为常见，但有人会不习惯那种奶香味。饵块、豌豆凉粉，可能更为大众一些。大理还出产天然的好牛奶，看似不起眼的街边小店里可能就售卖着特别好喝的当地酸奶。

还有驰名天下的三道茶，一苦、二甜、三回味，将吃苦在前、享受在后的人生哲理都浓缩在这悠长醇香的回味中。

· 住宿

古城内及周边，既有很多干净而又小资的客栈，也有更气派一些的星级酒店，可以根据需求自由选择。但节假日期间，房价也会相应上涨，要么提前预订，要么就住到周边。

名称：大理红龙井酒店

地址：大理古城博爱路红龙井 16 号

起价房型：豪华双床房

价格：969 元

星级：5 星

① 白族扎染 ② 喜洲粑粑

名称：大理花神·隐舍

地址：大理古城三月街上段中和坊旁 2 号

名称：花神隐舍

起价房型：雅致大床房

价格：523 元

星级：4 星

名称：大理风雪故城艺术花园客栈

地址：大理古城内玉洱路中段 384 号

起价房型：七色鱼迷你大床房

价格：380 元

星级：3 星

名称：大理古城畔山沐云客栈

地址：大理古城南门新村 134 号

起价房型：庭院景观标准间

价格：369 元

星级：民宿

名称：云上居花园客栈

地址：大理古城博爱路

电话：0872-2515666

起价房型：普通标间

价格：398 元

星级：4 星

• 医院

大理市第二人民医院

地址：大理古城复兴路 580 号，北城门内

解放军第六十医院

地址：大理古城北门平等路 111 号

• 交通

大理火车站有 8 路公交车到风花雪月酒店站，离古城东门不远。下关有 4 路公交车到古城南门。

• 实用

大理旅游集散中心电话：0872-2183999；

大理古城游客服务中心：0872-5365800；4008721669

大理旅游投诉电话：0872-96927；0872-2121246

• 提醒

在古城内包车去苍山洱海边的景点，一定要在行前谈好价格。如果包车价格明显过低，途中可能会被带去商店购物，或有一些别的强迫消费。

苍山沿线

因为山体雄伟、群峰绵延，在大理的许多地方游玩时，抬眼便可看见苍山。它就像一个忠诚的卫士，护卫着山脚下的城市和田园。

喜马拉雅山系在这里结束，于是苍山被称为“世界屋脊的屋檐”。这里是世界地质公园,保存有一万多年前的冰期地貌。你一定听说过大理石，苍山正是它的命名地。19 座山峰巍然耸立，18 条溪流注入洱海，山间动植物繁衍栖居，人类也在其间留下了大量的历史遗迹和人文景观。

远观苍山，人们最兴味盎然的是看变幻万千的苍山云景，其中尤以“望夫云”和“玉带云”最负盛名。而大理四大景观“风花雪月”中的雪，即是经夏不消的苍山雪。寒冬时节，百里点苍，白雪皑皑；阳春三月，雪线以上仍堆银垒玉，成为苍山景观中的一绝。

如果你想登临苍山，最便捷安全的方法是乘坐索道上山，随着海拔的升高，气候、植被、景致、视野都会截然不同。山中也建有步道，可供游人移步换景，与苍山亲密接触。半山腰的玉带云游路，

苍山

格外受到青睐。但一定要注意，山中路况复杂，气候变幻莫测，步行的游客切记不要偏离游路主道。因误入深山造成迷路、被困、失联等情况时有发生，非常危险。

「洗马潭」

位于苍山玉局峰与龙泉峰交接处，被称为“山巅之湖”。相传，元世祖忽必烈征讨大理时，率兵翻越苍山途中，曾在此驻扎洗马。每年春夏之交，高山杜鹃次第怒放，灿若云霞。云雾萦绕间，宛如仙境。

在天龙八部影视城旁乘坐洗马潭索道（即苍山大索道）上山，可直达洗马潭。

「玉带云游路」

苍山半山腰上，一条专为步行者设计的游路，在驴友中名气很大。一说南起马龙峰，北至应乐峰，长约 18 千米，宽约 2 米。一路穿林海、过幽谷、涉青溪，可以游览清碧溪、七龙女池、凤眼洞、中和寺、碧玉潭等诸多景点，被认为是步行观赏苍山深处如画美景的最佳路径。

「天龙八部影视城」

为《天龙八部》而建的一处大型影视拍摄基地，有不少仿古建筑，也常有高跷舞狮、武术杂技、段王爷抛绣球招婿等表演，因此成为一些武侠迷们逐梦江湖、还原想象的地方。

由于苍山大索道落客站建在了影视城内，要经由这条索道上下苍山的游客，可以顺道游览影视城。

「太和城遗址及南诏德化碑」

南诏故都太和城遗址，位于下关太和村，苍山佛顶峰麓。遗址内矗立着一块“南诏德化碑”，碑高近 4 米，碑文主要颂扬了南诏王阁罗凤的文治武功，并记述了南诏与唐朝历次战争的缘由经过，以及与唐和好的愿望。历经千百年风雨，碑文如今剥蚀严重，已看不太清。历史爱好者可以来此寻幽访古，但这里对于观光游客吸引力不大。

「佛图寺塔」

位于下关镇阳平村北侧的佛图寺前，苍山斜阳峰麓，距 214 国道约 500 米，当地俗称蛇骨塔。始建于唐代，塔高 30.7 米，为十三级密檐式方形砖塔，现为全国重点文物保护单位。

「感通寺」

原是大理有名的古老寺院，明代著名学者杨升庵曾在寺内的“写韵楼”寄居。100 多年后，诗画僧担当因仰慕杨升庵的品学，重修“写韵楼”作为自己的住所，从此便留下了“名士高僧共一楼”的千古佳话。寺内现存庙宇多为清末以来陆续重建。寺中还保留有七块明清碑刻，记述着寺庵的兴衰。

周城居住着1500余户白族村民，号称大理乃至中国白族第一大村，同时也是著名的“白族扎染之乡”，不少游客会慕名专程前来选购扎染。

周城的村落民居也极具白族特色，沿着村内错综复杂的小巷随意走走，可见传统白族房舍沿苍山山麓和茶马古道铺展开来，与本主庙、龙泉寺、大青树、戏台、集市等，共同构成了鲜活的白族生活图景。

• 蝴蝶泉

“大理三月好风光，蝴蝶泉边好梳妆……”电影《五朵金花》以及这首脍炙人口的老歌，让蝴蝶泉家喻户晓，并且成为许多六七十岁的人来大理最想看的景点。

蝴蝶泉就在周城。一株200多年的“夜合欢树”横卧于泉池上方，树下泉水清亮见底。过去阳春时节，会有各色蝴蝶成群翻飞，或成串悬挂于合欢树上。但如今，泉、树依旧，蝴蝶聚会的美景却已不再。景区内有一些人造的跟蝴蝶相关的景点，也能看到人工培育的蝴蝶。当作一个普通公园逛逛，会觉得挺不错，但不要抱太高的期望。如果觉得60块钱门票太贵，不看也不会有太多的遗憾。

蝴蝶泉

• 沙村

洱海边的千年古渔村，电影《五朵金花》曾在此取景。村民们祖祖辈辈以捕鱼为生，鱼鹰捕鱼就是其中一种捕鱼方式。如今，鱼鹰捕鱼成为一种旅游表演，但透过这种驯养有方的水鸟与渔民的完美互动，千百年来的渔家生活就在眼前。

味道

喜洲粑粑也叫喜洲破酥，是喜洲镇上最有名的小吃，分甜咸两种口味。甜味的馅料主要有红糖、白糖、豆沙，再加一点玫瑰花糖或桂花糖；咸味的馅料主要是鲜猪肉末和小香葱葱花。喜洲粑粑都是现场烤制，刚出炉的口感最好。游客一般直接拿着就吃，而当地人则喜欢用咸味喜洲粑粑混搭稀豆粉。四方街上，有好几家卖喜洲粑粑的，以杨顺宝喜洲粑粑最为有名，常常需要排队。

• **住宿**

名称：大理天谷喜院古迹精品酒店
地址：喜洲镇寺里村委会翔龙村 13 社
起价房型：高级别院房
价格：890 元
星级：5 星

名称：喜林苑
地址：喜洲镇城北村 5 号
电话：0872-2452988
起价房型：舒适标间
价格：880 元

「双廊」

洱海东北岸的双廊，近年来备受追捧。这里有观赏洱海的独特视角，容易拍到阳光穿透云层投射下来的“洱海神光”与苍山交相辉映的绝美照片。这里有青庐、太阳宫（即千里走单骑杨丽萍艺术酒店）、月亮宫等设计感极强的艺术酒店，说不定转身就能碰到明星。但随着游客的大量涌入，玉矶岛常年摩肩接踵，客栈一家接一家开张，镇子里似乎永远都在施工。双廊越来越像一个热闹的住宿区，想找个安静看海的地方已不是那么容易，每到节假日，更是一房难求。

「南诏风情岛」

四面环水，与双廊隔水相望，洱海游船一般都会在此停靠。岛上建有观音像、南诏行宫、本主广场、环岛沙滩、“洱海的女儿”铸铜雕塑等，海天一色、风光旖旎。初次登岛的游客可能会觉得新鲜，但走一圈下来也会觉得并没有太多可玩的。

• **住宿**

双廊镇上可供住宿的客栈、酒店很多，无非是挑选一家自己中意的。各种档次都有，有不少游客喜欢到大建旁村住宿，也有海景可看，价格相对便宜一点。

但不管是住哪儿，节假日还是提前预订比较稳妥。

名称：大理双廊芝麻开花客栈
地址：双廊镇玉几岛内
起价房型：海景特价大床房
价格：367 元
星级：4 星

名称：双廊七间房
地址：双廊镇中心
电话：0872-2466646
起价房型：普通标间
价格：890 元

名称：春暖花开客栈
地址：双廊大建旁村 108 号
电话：0872-2461599
起价房型：大床房
价格：580 元

「挖色」

双廊南边的挖色，三面环山，一面临海，恰好处在苍山洱海风景区与鸡足山景区的交会点上。镇子里保留着不少白族古建筑，以门楼建筑最为可观。镇北的大城村有一处沙漠庙，可见苍山雪峰倒映于庙前的水库之中，也是别有风韵。

洱海 · 小普陀

「小普陀」

洱海东部海中，邻近挖色镇海印村，有一个小岛，相传为观音大师开辟大理坝子时留下的镇海之印。后人在岛上建起观音阁，清晨时分，海面上雾气袅袅，小普陀若隐若现，“岚霭普陀”遂成洱海八景之一。如今在许多洱海的风光大片中，都可以见到“洱海神光”降临小普陀的奇景，宛如仙境。

「天镜阁」

始建于明代，矗立在洱海东岸玉案山伸向洱海的罗荃半岛上，“山环吞海，澄海如镜”。南诏时期，这一带就是很有影响力的佛教圣地。在大理流传甚广的《望夫云》传说也发生在这里。

「金梭岛」

位于天镜阁以南的海中，为洱海东岸最大的岛屿。相传一位善织彩锦的仙女将自己的金梭遗落洱海，金梭幻化为岛，成为人间美景。古时的南诏王曾在岛上建筑自己的避暑行宫。在这里，可纵情饱览整个苍洱风光。

• 最佳旅游时间

“大理三月好风光。”三四月，正是春光明媚、山花烂漫的时节，三月街民族节也会在这期间举行。但大理其实是四季皆适宜游览的，夏天避暑，九十月洱海开渔节期间也是游人如织。

民俗节庆

• 三月街

“三月街”始于南诏时三月十五的讲经庙会，1991 年被定为大理白族自治州民族节，农历三月十五开始在苍山脚下举行，有“千年赶一街、一街赶千年”之说。如今的节会期间，会有许多商品的展销交易，也有赛马比赛、民族民间文艺展演等活动。

• 绕三灵

“绕三灵”是大理白族群众一项极其古老的民俗活动，每年农历四月二十三日至二十五日举行三天。人们身着节日盛装，不少人甚至浓妆艳抹，载歌载舞巡游三日。据说，它的起源与祈求风调雨顺有关，也保留了古代男女追求情爱自由的遗风，显示着白族人民热情奔放、能歌善舞的民族性格。

• 开海节

每年 9 月，当地政府会在双廊红山半岛举行洱海开海节。渔民们在捕鱼前隆重祭海，祈求平安。节日庆典上也会有传统渔业技能及水上活动展演，渔歌阵阵，然后千帆竞发，热闹而又壮观。

洱源西湖

洱源

洱源，有“洱海之源”的意思，位于洱海北面，离大理古城不太远。洱源西湖和茈碧湖都有着秀丽的湖光山色，遍布县境的温泉给当地居民和南来北往的游客最舒坦的抚慰，大理古城售卖的乳扇、乳饼、牛奶、梅子，也大多产自洱源。一个好看好玩好吃的亲水小城，在去往剑川、丽江的途中，这里算得上是一个温暖的经停点。

洱源西湖

离开大理市上关镇进入洱源境内不久，就能在邓川坝子中部的右所镇西找到洱源西湖。它是洱海的重要水源之一，水质清澈，荡舟湖上，可见水草飘摇、鱼翔浅底。村庄和岛屿散落湖中，形成村中有湖、湖中有村的田园景致。洱源西湖中生长着洱海大头鲤、大理裂腹鱼等特有鱼类，这里也是观赏越冬鸟类的好地方。

凤羽古镇

洱源县城以南约 20 千米处的凤羽古镇，曾是茶马古道上的重要集镇，文庙、三圣宫、留佛塔等建筑，还留存着凤羽昔日的辉煌。古镇没有太多旅游开发，适合对历史感兴趣的人自己来发现它的精妙。如果你正好喜欢书法，可以带走一方砚台。

这是凤羽的特产，迄今已有400多年的历史。

茈碧湖

群山环抱中的高原湖泊，就在洱源县城以北3千米处的坝子中。湖岸周边冬梅夏柳，碧草如茵。风和日丽时，乘船到湖心，有机会看到一种叫"水花树"的自然奇景，一串串晶亮的水珠自下而上冒出来，好似挂满珍珠的玉树。七八月间，湖中会有珍稀名贵的莲花"茈碧花"开放，清香四溢。春天，划船到达湖北岸的梨园村，行走在百年古梨树林中，可赏雪白的梨花开满枝头。

· 民俗节庆

"海灯会"在每年农历七月二十三日，是茈碧湖河头的本主庙会，各方白族群众云聚于此焚香祭祀，观看洞经音乐演奏、民歌比赛和赛龙舟。最让人期待的是晚上篝火晚会之后的游湖放海灯，荷花灯、鲤鱼灯、龙王灯……多种多样，各有特色，整个茈碧湖会呈现万灯齐明的壮观景象，好似漫天繁星落入湖中。

玩法

洱源有太多温泉，从南到北密布县境，随便挑一处，都是对旅途劳累的抚慰。从大理古城出发往北，最知名的是右所镇下山口的普陀泉。如果要游览洱源西湖，湖西岸的温水村也有温泉。来到洱源县城附近，城东面的九气台有"温泉之乡"的美称，茈碧湖畔的大理地热国则是近年来频频在旅游宣传中被提及的一座大型露天温泉浴场。而离开县城往北18千米的牛街镇上，也有许多温泉浴室。

顺道一游

走大丽路，经洱源去丽江，中途会路过鹤庆。当地的白族村寨新华村因出产精美的民族手工艺品而远近闻名，金银铜铁等制成的各类酒具、茶具、餐具，以及项链、手镯、耳环等装饰品琳琅满目。村子依山傍水，田园风光秀美，夏日荷花盛放时，高原水乡的美景让人流连忘返。

漾濞

近年来，每年三四月间，到漾濞看不同颜色的杜鹃次第开放，把苍山西坡装扮成花的海洋，成为驴友的新宠。同样在苍山西坡，还有石门关峡谷景观。两面巨大岩壁对峙高耸，形成石门雄姿，其间花草倚石、藤葛攀岩、清流潺潺。

漾濞还是中国有名的核桃之乡，光明村有万亩核桃园。来到漾濞一定不能错过的就是核桃宴，以及当地的各种彝家美味。

位于苍山西坡的漾濞实际上并不算大理旅游的热门地区，如果时间充裕，到西坡看花，会有别样的体验。但如果不是杜鹃花开时节，可能会比较失望。

① ② 云龙诺邓古村

· 交通

到苍山西坡看杜鹃，先从县城至漾江镇大约 18 千米，再沿盘山公路行约 7 千米至李家村，接着徒步 30 分钟。

· 住宿

可在官房坪旅游接待中心入住，有标间、三人间、四人间、通铺、帐篷等多种选择，也可以赶回县城住宿。

云龙 · 诺邓

诺邓村深藏于云龙县的大山深处，有着两千多年产盐史，曾经马帮云集，后又沉寂多年。它的再度意外走红，缘于纪录片《舌尖上的中国》第一季的热播，第一集就有关于诺邓火腿的介绍：

“云南人老黄和他的儿子树江，正在小溪边搭建一个土灶，这个土灶每年冬天的工作就是熬盐……生产食盐为的是制作诺邓当地独特的美味……”

诺邓火腿

在诺邓村口的小河边，老黄的农家乐已经开了好些年。他把视频截图印到了店门口的广告上，客人一下子多了起来。

据当地史料记载，诺邓村自汉朝起就是产盐之地。明朝设置“五井盐课提举司”，治所即在诺邓。那时，诺邓是滇西地区的商业中心之一，商贾云集，山谷周边山坡上构建起层层叠叠、风格各异的民居。如今，百年以上的众多明清古民居，与千年古盐井、提举衙门、盐马古道、棂星门坊等古迹，200 余株百年古木，以及洞经花灯、传统节会等非物质文化遗产，共同构成了相对完好的古村风貌。

面对日渐增多的游客，村里出现了客栈和多家旅游接待户。大青树旁，一家开在老院子里的客栈挂起了红灯笼，铺上了蓝底白花的桌布，摆好了鲜花盆景，颇有些大理、丽江的情调。无线网络已经覆盖，大山外面的游客还可以通过网络预订房间。还有两户村民在经营客栈的同时，也试着办起家庭博物馆，黄霞昌展览馆和复甲流芳苑规模都不大，但展品都是诺邓历史的见证。

虽然现代的浪潮冲击到了这里，但诺邓的旅游开发仍处于起步阶段，淳朴的民风和古老的韵味犹在，商业气息也还没有那么浓烈。即使奔着美味而来，也不妨在古村住上一晚，感受一下这难得的静谧。

千年古盐井

诺邓村过去俗称“诺邓井”或“诺井”，“井”就是盐井。在今天的诺邓村口，可以看到一座红土砖小屋，过去敞开的千年古盐井被保护起来，井口还有木栅围挡。

万寿宫

诺邓村现存最古老的建筑，据记载为元代建筑。作者走访时，78 岁的李文茂老人在这座古建筑里已经住了 40 多年。堂屋的墙上，嵌有明代诗碑。老人说，诗碑原来的位置已经被改建成了厨房。

提举衙门旧址

1383 年，明政府在全国置七个“盐课提举司”，其中之一的“五井盐课提举司”即在诺邓。后来，提举司衙门外迁，这里就演变成了诺邓黄氏家族的私宅区，族人将原提举大门改造成了登载本家科举功名的“题名坊”。

龙王庙

清康熙年间所建的龙王庙，院墙已经有些残缺不全。龙王庙对面，复建了一座戏台。

玉皇阁

为道教宫观，始建于明代，是滇西地区少见的三层阁楼式古建筑，极具历史沧桑感。大殿顶上的藻井绘有“二十八星宿图”，虽有残缺，但仍被视为“诺邓一绝”。

· 住宿

名称：诺邓人家客栈
地址：诺邓村内
电话：15894568508
起价房型：普通标间
价格：150 元

名称：五滴水客栈
地址：诺邓村口古戏台附近
电话：13769218514
起价房型：双床房
价格：80 元

名称：大青树客栈
地址：诺邓村中心大青树旁
电话：15288113286
起价房型：双床房
价格：138 元

叹为观止

云龙县城北面一两千米处的地方，因沘江绕出 S 形的大湾子，而形成一处罕见的“天然太极图”地貌。阴阳两个鱼形平坝，同道教太极图案极为相似，被认为是世界上最完整最形象的太极图实景。

在前往诺邓的途中，沿天池路西行 5 千米左右，有观景台可以俯瞰这一地貌奇观。云雾缭绕时，会更显鬼斧神工。

云龙“天然太极图”地貌

顺道一游

到诺邓旅游，当地人一般会推荐顺道看看天池。云龙县城西北郊的天池，虽是闹中取静的难得所在，但其实也是云南比较常见的高原湖泊风光。反倒是从云龙前往兰坪的公路沿线，安澜桥、通京桥、松水藤桥、彩凤桥等古桥横跨在沘江上，更值得一看。云龙号称“中国石桥艺术博物馆”，风雨桥、石板桥、独木桥、藤桥等桥梁种类多样，从诺邓包车，先看“天然太极图”和天池，再折往古桥，然后一路去往沙溪，自然风光与历史人文景观一网打尽，既方便又有趣。

· 住宿

名称：玉龙湾大酒店
地址：云龙县城下坪新区
电话：0872-5730888
起价房型：普通标间
价格：280 元

名称：云龙宾馆
地址：云龙县城虎山路 198 号
电话：0872-5524928
起价房型：普通标间
价格：120 元
星级：3 星

剑川

想要感受原生态的白族文化，来剑川就对了。这里是全国白族人口聚居比例最高的县份，也是白族原生态文化保留最为完整的地区。电影《五朵金花》里的阿鹏哥便来自这里，金庸笔下的《天龙八部》中武侠练剑的剑湖也在这里。

1100多年前，“深目高鼻”的古波斯人就已沿着茶马古道来到剑川旅行，并在石宝山石窟中留下了他们的尊容；虽然370多年前，大旅行家徐霞客也把剑川的满贤林、金华山、石宝山、沙溪等写进了日记，但直到现在，仍然没有太多的游客把剑川作为主要目的地。或许正是因为这份“忽视”，才让剑川保留下更多的原汁原味。

县城和沙溪，是剑川旅游的两个重点片区。沙溪寺登街，曾以“茶马古道上唯一幸存的古集市，保存着完整无缺的戏台、马店、寺庙、寨门”，而被列入“值得关注的101个世界濒危建筑遗产”名录，对它的抢救性保护已经实施多年。随着大理到丽江高速公路从剑川经过，沙溪寺登街正在进入越来越多国内外旅行者的视野。赶在它还没有大面积商业化之前，你还可以看到它最自然的模样。

剑川县城

「剑川古城」

位于县城金华镇，西枕金华山，东临剑湖，自明代建成至今已有600多年的历史。城内街巷道路仍保留明代以来的格局，曲折延伸。大量明清古民居，错落有致地分布在古城内，木雕、石雕技艺精湛。尤其是西门街一带，明代古建筑群最为集中。

「景风公园」

位于金华镇西门外，园内有文庙、古戏台、景风阁、灵宝塔、来薰楼等古建筑，浓缩了剑川作为“匠艺之乡”的建筑精华，人文内涵极为丰富。剑川民族博物馆也设在景风公园内。

「千狮山・满贤林」

离剑川县城仅2千米，自古就是有山有水、见木见林的幽静之处，明代大旅行家徐霞客也曾云游到此。而今，这里因有历代3200多只石雕狮子，又被称为“千狮山”。行走山间，沿途不断出现形态各异的石狮子，让人惊喜而又称奇。最大的石雕“狮王”高达25米，站在它的跟前，就会顿觉自身的渺小。

「剑湖・海门口遗址」

就在剑川坝子东南部，距县城4.5千米。湖水清澈，远望如天镜一面，白族群众环湖而居，乡野田畴如诗如画。剑湖之滨的海门口遗址是云南最早使用青铜器代替石器的地区，被学术界称为“云南文明之源”。2008年的考古发掘使埋藏于此

5300多年的全国最大水滨木构干栏式建筑聚落遗址惊现于世。遗址中的一把把石斧、一片片彩陶、一根根桩柱、一粒粒稻麦，都是文明之源的华章。

• 住宿

名称：剑川宾馆
地址：剑川县金华镇古城北路1号
电话：0872-4523918
起价房型：普通标间
价格：100元
星级：4星

名称：佳利大酒店
地址：剑川县剑阳街214国道以西
电话：0872-4777177
起价房型：普通标间
价格：180元

味道

“土八碗”、凉粉、野生菌、芸豆……剑川好吃的东西可不少。其中，剑川“土八碗”，相传原为大理国段白王招待贵宾的家宴，每一碗都有隐喻吉祥与祝福的名字，如“延年益寿”，别名“红曲肉”；“年年有余”，别名“粉蒸鱼”；“和和睦睦”，别名“木耳豆腐”；“百年好合”，别名“百合扣肉圆子”，等等。宴请最尊贵的宾客时，往往还要加上“吉星高照，亲亲爽爽”拼盘和别名“虾米汤”的“千里顺风汤”。

礼物

剑川木雕是国家级非物质文化遗产，除了门窗等建筑上的雕花，如今也开发出了壁挂、茶具、笔筒、脸谱等工艺品作为旅游小件，供游客挑选。在去往沙溪的路上会经过甸南镇，镇上出产陶土制成的瓦猫。当地百姓认为，将瓦猫置于屋脊上可以镇宅。

沙溪古镇

「寺登街」

寺登街在大理和丽江之间，在悠远深邃的茶马古道上，在被时光遗忘的角落里。“这里就像20年前的大理、丽江，特别古朴宁静、原汁原味。”写生的画家说话时头也不抬地在画板上勾描。跃然纸上的是涓涓溪水绕着斑驳的红砂石板老街流淌，雕梁画栋的民居旁，早起的村民不紧不慢地走过。恍惚间，还能听见山间马帮的铃响。

隐匿在云南西北部大山深处的沙溪寺登街，气候宜人，物产丰饶。徐霞客在游记中记载这里“所出米谷甚盛，剑川州皆来取足焉”。因交通便利，寺登街在元末明初即稳定成为中心集市区，亦是茶马古道上喧嚣一时的重要驿站和盐茶交易集散中心。

20世纪50年代以后，新建的公路

寺登街魁阁带戏台

不再从寺登街经过，古老村落便慢慢沉寂下来，渐渐被人遗忘。但也因祸得福，使古老的寺登街得以在汹涌的商业化进程中留存，成为“茶马古道上唯一幸存的古集市”，保存至今的传统建筑竟有8.5万平方米。

寺登街中心始建于明永乐十三年（1415）的兴教寺，是现今国内仅存的明代白族“阿吒力”佛教寺院，也是寺登街上现存最古老的建筑。寺登街的“寺”，指的就是兴教寺。其檐下尚存20余幅明代壁画，造型生动，各呈异彩，值得细细端详。

与兴教寺隔四方街相对的寺登街魁阁带戏台，建于清嘉庆年间，三层飞檐翘角多达14个，均施以彩绘，好似凤凰展翅欲飞，也是寺登街最具标志性的古建筑。

漫步在风雨洗涤的石板街，两侧古老的马店驿站一家挨一家，上马石、马鞍、马镫、马鞭、马灯，还有被灶火熏得黑油油的墙壁，似乎都跟当年一个模样。

穿过一条白墙彩绘、花草簇拥的巷弄，推开高高的大木门，便能看到已有100多年历史的欧阳大院。大院至今沿袭着“三坊一照壁”的传统白族民居式样，窗棂、门板上栩栩如生的雕花历经百年未曾变更。

源于剑湖的黑潓江，从沙溪坝子中央缓缓流过。走出寺登街集市，东南方向的黑潓江上有一座玉津桥，将古街与镇外的乡野连接起来。走过这座单孔石桥，原生态的田园风光就在眼前铺展开来。

「石宝山」

位于沙溪古镇北面，剑川县城西南 21 千米处，自古就与大理三塔寺并称“滇西两绝”。山间开凿于南诏、大理国时期的石钟山石窟，迄今共发现 17 窟、造像 200 多躯，虽然规模不算特别大，但雕刻却是极为精美，被誉为“中国西南的敦煌”。

石钟寺区有 8 个窟。其中，第七号窟的甘露观音造像，面露微笑，有“白族的维纳斯”“东方的蒙娜丽莎”之称。它的胸部是空的，民间也俗称其为“掏心观音”。其雕刻精妙、造型优美，堪称我国石刻艺术的珍品。第八号窟上层正中雕刻着女阴石刻“阿央白”，反映了古代先民的一种生殖崇拜。当地民间传说，不能生育的夫妇只要虔诚向它膜拜，就会有回应。不少青年男女在膜拜时，还会带上香油涂抹在女阴石刻上，祈求将来生产顺利。

石钟寺对面，狮子关区的 3 个石窟，包括南诏第一代国王细奴逻全家福造像、阿嵯耶观音“化现梵僧”造像和波斯人造像。距石钟寺 2 千米的沙登箐区还有 6 个石窟，为造像年代最早的石窟群。

石宝山上的丹霞地貌也很有意思，有的如雄狮蹲卧，有的如骆驼昂首，有的像千年神龟，有的似莲花盛放，千姿百态。而在苍翠的林海间，还有自唐以来历代兴建的寺院庙宇。依奇雄万状的大岩石建盖的宝相寺，始建于元代，有“云南悬空寺”之称；始建于清康熙年间的海云居，则在古柏苍松之中显出规整雅朴、静谧清幽。

甘露观音造像

• 民俗节庆

石宝山歌会，也称“朝山歌会”，素有“白族情人节”之称，每年农历七月二十七至二十九在石宝山举行。主要是青年男女们聚在一起，用歌声表达爱情、寻找爱情，也有中年甚至老年人参与，借歌会诉说相思之情。整个石宝山沉浸在欢乐之中，弦歌鼎沸，情意绵长。

• 住宿

到剑川旅游，最推荐的自然是住在沙溪。古镇非常宁静，适宜休闲，又能很方便地游览寺登街和石宝山，而且住宿的价格也不算太高，平日里 100 元左右就能住下。但是随着名气的增加，房价也有水涨船高的趋势。

名称：剑川既下山 SUNYATA 酒店
地址：沙溪古镇寺登村 115 号，近古戏台
起价房型：下山·闲舍
价格：780 元
星级：5 星

名称：剑川印象沙溪精品客栈
地址：沙溪古镇寺登村南古宗巷 15 号
起价房型：花园大床
价格：276 元
星级：民宿

名称：三家巷客栈
地址：沙溪古镇寺登街 62 号
电话：0872–4722171
起价房型：普通标间
价格：110 元

· 交通

从大理沿 214 国道至剑川县甸南镇，再转往寺登街，全程约 140 千米；或由丽江经雄古，至剑川县城，再到寺登街，全程约 100 千米。

巍山

大理古城的游客熙攘，有时让人想要逃离。其实，只需一个半小时左右的车程，就可以进入常被游客忽略，却是与大理古城齐名的另一座国家级历史文化名城——巍山。这里是南诏国的发祥地，拥有浓郁的彝族和回族风情。

巍山古城至今保持着明清时的棋盘式格局，它不像大理古城那般喧嚣，却因为市井生活，而有了更多的烟火气。

如果只逛古城，半天时间足够。巍山境内风景名胜和历史文物众多，如果有两天的时间，则更为宽裕。登道教名山巍宝山，上鸟道雄关看候鸟迁徙，到东莲花村游回族古民居大院，会让这趟行程更加丰富。

巍山古城

有人说，徒步是对巍山古城最好的致敬。这座始建于明洪武年间的古城，已有 600 多年的历史，街巷纵横交错，至今仍较为完整地保持着典型的明清棋盘式城池布局。

沿着由月华街、日昇街、北街和南街组成的南诏古街，从群力门（原文献楼）开始，向南通过地官坊，可以到达古城的中心——拱辰楼，经过进士坊，不远处就是星拱楼。古街两旁的民居建筑，基本保留了明清风貌，四合五天井、三坊一照壁、走马转阁楼等都是较为典型的样式。古城内还有蒙化老家、蒙阳公园、文华书院、玉皇阁、萧公祠等建筑群。

巍山古城

遗憾的是，作为巍山古城的标志性建筑，位于古城中心的明代拱辰楼城台基座以上木结构部分在 2015 年 1 月的一场大火中被烧毁，后按原貌进行了修复。

巍宝山

道教名山，位于巍山古城以南约 10 千米处，20 余座明清时期的道教宫观散布山间。南诏土主庙院内的大型浮雕《南诏图传》，据说为南诏时期的古老文物；文昌宫内“龙潭”石墩上，绘于清代的“松下踏歌图”是罕见的古代踏歌壁画；灵官殿内一株近 400 年的古山茶，花大如碗，红似胭脂……玉皇阁、长春洞、斗姥阁、培鹤楼、财神殿等，也都各具特色。

巍宝山还是国家森林公园，拥有众多古树、古山茶，以及兰花、杜鹃等名贵花木，登山赏绿正好亲近大自然。

- 民俗节庆
- 巍宝山歌会

农历二月初一至二月十五来到这里，可以赶上承袭千年的巍宝山传统山会。其间举行的巍宝山歌会最是热闹，四乡八寨的彝族群众身着盛装，汇集到这里打歌唱调，欢度节日。

东莲花村

始建于明代，已有 600 多年的历史，具有浓郁的穆斯林风情，如今是国家级历史文化名村。

在巍山县东北部 20 余千米的永建坝子中央，一片碧绿田畴之中，青瓦飞檐的角楼、建于清朝初期的清真寺，以及具有三房一照壁、四合五天井等式样特点的28座古民居，使东莲花村成为整个巍山回族传统文化保存最为丰富的古老村落。其中，马如骥大院、马如骐大院、马如清大院等最具代表性。

巍山曾是昔日茶马古道重镇，东莲花村是马帮锅头的聚居地。有人称东莲花是“马背上驮出的村庄”，如今，还能看到连体成排的古马厩等许多马帮文化遗迹。村庄附近还有博南古道上始建于明朝万历年间的永济桥、清代昭忠祠、杜文秀起义遗址等可以参观。

鸟道雄关

巍山县城东面18千米处，有一个海拔2600米左右的垭口，是从弥渡进入巍山的古道关隘，也被发现是候鸟迁徙的必经之地。每年仲秋，大批候鸟从此道迁徙，形成罕见而又壮观的候鸟聚会奇景。

过去，当地人常会在此打鸟捕鸟，如今这里已被设为禁猎区。关口有一块石牌，刻有“鸟道雄关”四个大字，原碑立于明万历年间，现在游客能看到的是仿制的新碑。如果留意看就会发现，碑上繁体“鸟”字下面四点故意少写了一点，据说是为警示后人要注意保护鸟儿，如果一直打下去，少一点再少一点，“鸟”将不“鸟”。

味道

巍山是名副其实的美食之乡。到巍山看过了风景名胜，就可以直奔小吃一条街、南城步行街等美食汇聚的地方。扒肉饵丝、凉粉、卷粉、一根面、青豆小糕、牛干巴等，只听名字就令人垂涎三尺。

· 住宿

巍山古城

名称：雄诏大酒店
地址：巍山县南诏镇关巍公路东侧，县客运站旁
电话：0872-8816666
起价房型：普通标间
价格：380 元
星级：4 星

名称：巍山宾馆
地址：巍山县东新街52号，鼓楼附近
电话：0872-6122655
起价房型：普通标间
价格：80 元
星级：2 星

巍宝山

名称：巍宝山宾馆
地址：巍宝山景区内，山门附近
电话：0872-6369016
起价房型：普通标间
价格：100 元

南涧无量山樱花谷

南涧无量山樱花谷

很多人知道无量山，是通过金庸的小说《天龙八部》。段誉在这里偶遇神仙姐姐，也在这里练成了“凌波微步”。而今天的无量山，因为大片的冬樱花绽放在铺展的茶园中，而成为云南冬天最值得推荐的赏花胜地。

冬来无量山，没有大雪纷飞、严寒萧瑟，只有阳光灿烂、花开成海。若再起一点薄雾，漫山的樱花便会在云雾缭绕中若隐若现，显得更加梦幻。

• 最佳旅游时间

每年11月底至12月初，花期大约20天。

• 交通

樱花谷距南涧县城约51千米，县城有专线班车前往。

如果自驾游，从下关出发，可以先到巍山游玩之后，再继续南下进入南涧前往樱花谷。从南涧返回下关时，可以不走回头路，而是绕行弥渡。弥渡是民歌《小河淌水》的故乡，南诏铁柱庙、密祉文盛街历史文化名村可顺道游览。

• 住宿

樱花谷中已建成多家食宿点，便于游客日出日落时观赏樱花。如果想要食宿条件更好一些，也可以在县城南涧镇或无量山镇和宝华镇住宿。冬季花开时，游客较多，食宿最好事先联系。

名称：南涧宾馆
地址：南涧县城振兴北路 2 号
电话：0872–8521461
起价房型：普通标间
价格：120 元
星级：3 星

名称：小湾宾馆
地址：南涧县城金龙路 87 号
电话：0872–8790037
起价房型：普通标间
价格：70 元
星级：2 星

名称：小湾假日酒店
地址：南涧县涧南公园斜对面
电话：0872–8526566
起价房型：普通标间
价格：80 元

味道

茶叶、泡核桃、南涧油粉、无量山火腿、无量山乌骨鸡、无量山鸡枞，都是当地特色美食。

大饱眼福

“跳菜”又叫“抬菜舞”或“捧盘舞”，是南涧最具特色的原生态宴席舞蹈，也是当地彝族民间婚宴喜庆时一种隆重的上菜仪式，有“逢喜事以跳菜助兴，遇丧事以跳菜化悲”之说。

相传，南涧跳菜的起源可以追溯到原始母系社会，后盛行于唐，并相延至今。宴席开始，“跳菜”者（多为男子）头顶、手捧或肩抬托盘，托盘里放着菜碗，随着音乐的节拍跳起舞步，脸上还做着怪相，显得轻松而又滑稽。精彩的表演就像杂技一样令人眼界大开、食欲大增，也把彝族人粗犷豪放的性格表现得淋漓尽致。

南涧的“彝族跳菜”如今已是国家级非物质文化遗产，在许多文艺舞台上也能看到跳菜表演。

鸡足山

雄踞洱海东面的宾川县境内，因“前列三峰，后拖一岭，俨然鸡足”而得名，是享誉南亚、东南亚的佛教圣地。相传，鸡足山佛教为佛祖释迦牟尼大弟子迦叶所开辟，古往今来，无数信众满怀虔诚来到这里，追寻着佛陀弟子的足迹，在一路梵音中洗心向善。

明清时期，鸡足山佛教达到鼎盛，据称曾拥有 36 寺 72 庵、常住僧尼 3000 余人的宏大规模。虽然山中气势宏伟的古老寺院后来大多被毁，但直到今天，这里的香火都非常旺盛。山门、祝圣寺、迦叶殿、华首门、金顶寺等，是主要的游览点。

宾川鸡足山

与此同时，鸡足山还以雄、秀、幽、奇、绝的自然景观为世人所赞叹。古人曾以“苍崖万仞、猿踞猱攀”来形容它的险峻，但在磅礴竞秀的山峰间，更有古树密布、林泉交错、鸟语花香的美景。夏秋之季，雨过天晴，太阳当空时，在山顶的金顶寺还常能看到“佛光”。

灵山一会

鸡足山脚售票处旁有一座雕梁画栋、檐牙高啄的牌坊，上书“灵山一会”四字，人们习惯称它为“山门”。相传 2500 多年前的一天，佛祖释迦牟尼曾于此设坛讲经，有众多天人赶来听佛祖说法。因此佛家把这里叫作“灵山一会”。它是浮华尘世与清净佛国的分界线，走进牌坊就走进了人间净土、庄严佛国。而今跨过“灵山一会”坊，初登云路，朝山就从这里开始了。

九莲寺

进入山门“灵山一会”牌坊后的第一座寺院，始建于明代，原为接待僧尼居静之处。寺内，兰桂杂植，花木扶疏，环境幽雅。据传，这里生长着两棵奇特的植物，一棵是花瓣只在子午二时开放的“子午莲”，另一棵是“枯木迎春”的柏树。

石钟寺

始建于唐代，为鸡足山最古老的大寺院。明清以来，上鸡足山的名流政要都会慕名到此游览，并赠匾题联，赋诗填词。

祝圣寺

现今鸡足山建筑规模最大的寺院，始建于明嘉靖年间。其建筑倚山就势，开阔宏伟，由放生池、八角亭、大雄宝殿、藏经楼等组成，带有浓郁的白族风格。

迦叶殿

位于天柱峰悬崖半腰上，初名袈裟殿，唐天宝年间，迎供阿难亲手雕刻的檀香木迦叶像，于是更名迦叶殿。现存的迦叶殿为后来新建，三重大殿，金碧辉煌，气势恢宏。

华首门

险峻奇绝，被佛教信徒称为“中华第一门”。相传佛祖涅槃后，迦叶遵照旨意，手捧佛祖生前所穿之金缕袈裟入定华首门，开始于寂静中等待未来佛——弥勒降生。

金顶寺

位于鸡足山天柱峰顶，海拔3248米，明代时这里曾有一座金殿（铜佛殿），金顶寺因此而得名。金殿后来被毁，现在的金顶寺由睹光台、弥勒殿、楞严塔、大雄宝殿等组成。其中，13级的空心方形密檐砖塔——楞严塔，是鸡足山最高的建筑，登至第二层，可东观日出、西观洱海、南观祥云、北观玉龙雪山，这也是最吸引人的天柱峰绝顶“四观”。同时，金顶寺也是观佛光的好地方。

味道

到鸡足山朝拜、游览，许多人都想尝尝它的素食，九莲寺、祝圣寺、万寿庵等处都可以吃到。在寺庵品尝素斋，体验佛教文化，会别有一番韵味。

宾川的果蔬种植颇负盛名，尤以柑橘和葡萄为最。朱苦拉的咖啡，也是当地特产。

在大理乃至云南的不少地方，都能看到“海稍鱼”的招牌。海稍鱼的原产地就在宾川县海稍村，选用海稍水库里的白鳞鱼烹制，有酸辣和清汤两种口味，肉质细嫩，口感极佳。

• 最佳游览时间

夏秋之季，容易在金顶寺看到佛光。正月间有朝山节，是鸡足山一年中最热闹的时候。

• 民俗节庆

在每年农历正月间，是鸡足山朝山节，无数信徒会从四面八方赶来朝山，热闹非凡。这样的时节到鸡足山，朝山礼佛或欣赏美景，都显得格外隆重。节日期间，还有耍龙、舞狮、打歌等民族文化活动。

• 交通

如果是自驾游从昆明方向来，可先到云南驿，再转往鸡足山。游览完鸡足山，往西可到达洱海边的双廊，往北则可经由鹤庆前往丽江。

如果需要坐班车，下关兴盛客运站有车直达鸡足山。宾川县城也有中巴车到鸡足山前“灵山一会”坊，再换乘景区电瓶车、索道或步行上山。

· 住宿

如果想观赏日出，通常需要住在山上。金顶接待部应该是最方便的，但条件一般，并且价格也比山下贵（每铺 30 元起，标双 240 元起）。景区内还有鸡足山宾馆，也是一个选择（参考价格：60~110 元）。

如果没有观赏日出的需求，就大可不必住在山上。山下的鸡足山镇寺前村，背依九莲寺，是上鸡足山的必经之地，有不少条件不错的农家乐。县城金牛镇也有许多宾馆可供食宿。

鸡足山镇寺前村

名称：善缘青旅
起价房型：床位
价格：30 元

名称：善仁居
地址：鸡足山镇寺前村
电话：13208724436
起价房型：普通标间
价格：100 元

名称：彩云客栈
地址：鸡足山镇寺前村
电话：15894533078
起价房型：床位
价格：30 元

宾川县城金牛镇

名称：宾川宾馆
地址：金牛镇金牛路
电话：0872-7153166
起价房型：普通标间
价格：120 元
星级：2 星

名称：宏强酒店
地址：金牛镇佛都路 198 号
电话：0872-7153088
起价房型：普通标间
价格：260 元
星级：3 星

云南驿

这里是最早叫“云南”的地方，位于祥云县城东南 21 千米处。传说两千多年前，汉武帝梦见吉祥彩云现于南方，“县在云之南”，而把这里取名云南县（后因省县同名，改称祥云县）。直到明代，云南县城才从云南驿迁往今天的祥云县城。但从古至今，云南驿一直处于交通要道上，

祥云云南驿

它曾是古西南丝绸之路与茶马古道的交会点，因此繁盛一时。第二次世界大战时期，滇缅公路由此经过，“驼峰航线”的飞机驿站也曾设于此。

如今的云南驿有些冷清，但古镇的风貌经过修复，得以保留。牌坊、过街楼、马店和青石板路上深深浅浅的马蹄印等，古风犹存。

许多人是慕“云南”名称的起源地之名而来到云南驿游览，但专程前来，路上需要花费不少时间，并不是很划算。经由楚大高速路过此处时，顺道看一眼就好。云南驿附近的水目山，是我国开创较早的佛教圣地之一，有僧塔林和地宫，时间宽裕的话也可以一起看看。

· 住宿

名称：祥云宾馆

地址：祥云县九峰路红星街 16 号

电话：0872-3121161

起价房型：普通标间

价格：80 元

星级：2 星

名称：茂元大酒店

地址：祥云县城佳和广场附近

电话：0872-3129 288

起价房型：普通标间

价格：120 元

星级：3 星

12

丽江

去丽江，是许多人的梦想，就像冥冥之中有什么东西牵引着你，让你不远千里万里，总想来到它的身边。

滇西北的耀眼阳光下，古城、酒吧、四方街，雪山、东巴、虎跳峡，走婚、女儿国、泸沽湖……丽江有太多充满诱惑的元素，无论你是想沉醉在柔软慵懒的时光里，还是放空在远离尘嚣的山野上，无论你是想在小桥流水人家发呆，还是要去山巅绝壁峡谷嘶吼，它都可以让你心满意足。

有的人来了，就此留下，把异乡变成了故乡；有的人走了，还会魂牵梦绕，一来再来——这可能就是丽江的魅力，是每个人对于一种最舒服的生活方式的找寻与回归。

因为游客太多、酒吧太吵、商业化太过，它也饱受质疑；不时发生的游客被欺被骗被打事件，也给它的名声带来不小的创伤。在人间净土与旅游胜地之间，丽江仍在纠结前行。

丽江大研古城

大研古城

大研，也就是人们通常所说的丽江古城，自宋末元初始建，迄今已有800余年的历史。相传，因为丽江世袭土司姓“木”，为避免陷入“困”境，大研成为罕见的未筑城墙的中国古代城镇。

历史上，大研就是热闹的地方——它曾是茶马古道重镇，也是抗日战争时期驼峰航线上的重要中转站。1996年2月，丽江地区发生7.0级大地震，古城遭受重创。幸运的是，整体格局、水系风貌、人文景观依然完好。1997年12月，丽江古城被列入世界遗产名录，知名度迅速飙升，大量游客随之涌入，带来前所未有的喧腾。

如今，玉龙雪山巍巍壮观，蓝天白云相互映衬，古老的街巷、民居与小桥流水、绿树繁花交织的美丽景致，依然让人心驰神往。四方街、木府、大石桥、白马龙潭……还是古色古香的样貌。可能一个转角，你就能与“披星戴月”的纳西姑娘擦肩而过。

但是，要想回到丽江旅游刚刚兴起时人们心心念念的“柔软时光”里，已经有点困难了。越来越多的原住民搬离了古城，纳西民居里开起了大同小异的商铺和客栈。白天，人潮涌动，喧嚣嘈杂。夜晚，一家接一家的酒吧灯红酒绿，音乐震天。近年来，关于丽江古城“过度开发”“太过商业化”的质疑声不绝于耳，当地政府也在留住原住民、恢复传统民俗活动、改善生态环境等方面做了不少努力。盛名之下的丽江古城在保护与利用间艰难地、小心翼翼地寻求着平衡。

在一时还难以彻底扭转的情况下，如果你想真正体会丽江古城的蕴味，只能建议尽量早起。八点钟前的古城里，客流大军还没有来到，有些街巷甚至空无一人，你能清晰地听到淙淙的水声，可以静静地感受古城的宁静和质朴。

当然，挑一家心仪的客栈，睡到自然醒，然后慵懒地喝杯咖啡、听听音乐、翻翻书、发发呆，看阳光暖暖地洒下来，这样的丽江也让人甘愿沉醉。

大水车

大研古城北门附近的大水车，是古城的地标性建筑，也是游客到丽江必定要拍照留念的地方，每天都很热闹。许多游客也将这里作为游览大研古城的起点。大水车旁边有一排架子，挂满了许愿风铃，也已成为古城一景。

四方街

位于大研古城中心，据说是明代木氏土司按其印玺的形状建设的，取“权镇四方”之意。这里也是古城最重要的交通枢纽，沿着以此为中心辐射开去的多条五花石街巷，可以通达古城的四面八方。许多旅游团队也在此集结，再四散到古城各处。

如今，四方街依然是古城里最热闹的

丽江纳西族

地方，常有古城居民在这里表演民族打跳等传统歌舞，游客也可以参与其中。而薄暮时分，以清水洗街，更是四方街独特的街景。

科贡坊

丽江虽处边疆少数民族地区，但文风昌盛。清朝时，住在古城里的杨家一门出了三位举人，人们便捐资在四方街西侧建起一座两层的科贡坊以为嘉奖。1944 年毁于火灾，后来重修时升为三层。

大石桥

大研古城内，流水潺潺，古桥众多。其中，以四方街以东 100 米的大石桥最为知名。这座建于明代的双孔石拱桥，长 10 余米，宽近 4 米，桥面以五花石铺砌，古朴而又不失灵动。桥头绿树成荫，沿河小道上常摆满盛放的鲜花，桥下波光潋滟，水草摇曳，是古城标志性景点，常有游客在此拍照留影。

木府

原为丽江世袭土司木氏的衙署，位于古城狮子山下，殿堂巍峨、规模宏大。中轴线上，忠义坊、议事厅、万卷楼等布局严谨，初入木府，有身处故宫的恍惚感。两侧大小房屋排列井然，亭台楼阁、花园回廊，别有风韵。虽然今天看到的木府建筑多为后来重建，但当地仍有“不到木府，等于没到丽江”之说，足见木府在整个丽江古城中的重要地位。丽江古城博物院，如今也设在木府。

木府大门外有一块白墙石壁，上书徐霞客当年见到木府之后的感叹：“宫室之丽，拟于王者”。石壁不远处，还有一块木制牌坊，上书“天雨流芳”四字，纳西语意为“读书去吧”。这两处都是在进入木府之前，游客拍照较为集中的地方。

狮子山·万古楼

大研古城西南角有一座形如卧狮的小山，即为狮子山，它也是木府的后山，山上古柏参天，环境清幽。全木结构的万古楼就建在狮子山的制高点，支撑楼体的10多根主体木柱都是一柱通顶。万古楼因此号称“中国全木结构斗拱建筑一柱通顶不连接的第一楼”，也是大研古城的地标性建筑，你可以在丽江古城的许多靓图中看到它。

在狮子山上，包括万古楼、文昌宫在内，都是拍摄丽江古城全景、远眺玉龙雪山的好地方。

白马龙潭

位于狮子山脚下，又名狮乳泉，是大研古城中三眼井的代表。泉水依次注入三个相连的池中，第一井为饮用水，第二井洗菜，第三井洗衣物。现在，七一街、光碧巷、文明巷等处都还有三眼井保存下来，不时地能看到当地居民在井中取水漂洗。

白马龙潭旁边还有一座白马龙潭寺，始建于清乾隆年间，与狮子山上的万古楼遥相呼应。

黑龙潭公园

位于大研古城北面的象山脚下，为古城水系的源头所在。在丽江古城众多的宣传画中，由五孔桥、得月楼、玉龙雪山及雪山水中倒影组成的画面最是深入人心，那便是取景于此。许多游客都会慕名来这儿拍一张“到此一游”照。

公园内还有一座建于明代的五凤楼，也叫“法云阁”，原为芝山福国寺大殿，木土司曾在寺内会见过徐霞客。后来迁建于此，与解脱林门楼、龙神祠等共同组成了黑龙潭的明清古建筑群落。

• 最佳旅游时间

丽江古城一年四季皆适宜游览，以秋季最美，正好也避开了雨季和黄金周。

• 民俗节庆

三朵节是纳西族最盛大的传统节日。传说“三朵”是纳西族的本主神灵和最高保护神，也是玉龙雪山的化身。“三朵”属羊，因此每年农历二月初八“三朵节”

和八月羊日，纳西族群众都会前往玉龙雪山脚下的北岳庙和各地“三朵阁”，用全羊隆重祭祀祈福。在丽江城乡、古城四方街等地，人们都会载歌载舞，甚至赛马狂欢。

味道

丽江美食都很有当地特色。丽江粑粑曾是马帮商队必备的干粮，如今是丽江街头最常见的小吃，分甜咸两种口味，金黄香脆。米灌肠是在饭馆里常见的另一种美味，把大米或糯米蒸熟后拌在新鲜猪血、蛋清里，再拌上各种香料，然后灌到猪大肠内封好蒸熟，看起来可能不是太美，但味道还是不错的。

· 住宿

到丽江旅行入住古城里的客栈，似乎是轻而易举的事。但要在数不胜数的客栈里挑选一家，其实也颇费脑筋。客栈的风格大多近似，只是住宿条件会有差别，有的隔音效果不太好，有的没有电暖器，有的离四方街近些但可能晚上会被酒吧吵到，有的位置偏一些却非常安静……不妨根据自己的需求，跟老板详细了解一下再做决定。

名称：丽江听花堂私人花园客栈
地址：大研七一街兴文巷 49 号
起价房型：郁金香大床房
价格：406 元
星级：民宿

名称：和府洲际度假酒店
地址：丽江古城内
电话：0888–5588888
起价房型：普通标间
价格：1440 元
星级：5 星

名称：丽江实力希尔顿花园酒店
地址：香格里大道 1271 号
起价房型：花园大床房
价格：568 元
星级：5 星

名称：芭堤 E 家连锁酒店（丽江店）
地址：吉庆路中段
起价房型：双床房
价格：158 元
星级：2 星

名称：丽江 U 酒店
地址：香格里大道 1184 号
起价房型：阳光时尚双床房
价格：190 元
星级：3 星

丽江束河古镇

束河古镇

束河古镇在大研古城西北 7 千米处，是纳西先民在丽江坝子上最早的聚居地之一，历史比大研古城还要悠久。

在束河的四方街，常常可以看到原汁原味的纳西传统民俗表演。建于明朝万历年间的青龙桥，据说是木氏土司鼎盛时期的标志性建筑，也是丽江现存最古老的石桥。然后，溯流而上，寻访束河古镇水流的源头——九鼎龙潭，看潭水晶莹，水草曼舞，游鱼逍遥。九鼎龙潭的水流到飞花触水街口，忽然就和缓了起来，岸边花红柳绿，美食汇聚，游人如织。茶马古道博物馆内，有明代建筑“大觉宫”，现存 6 幅珍贵的明代壁画，融合汉、藏壁画的表现手法，且保留了唐代画风，成为罕见的壁画珍品，非常值得一看。

前些年，不少游客在大研游览之后，会选择更为清幽安静的束河住宿。但如今的束河，商业气息也日渐浓烈，商铺、酒吧、客栈扎堆，节假日人山人海。不过，作为丽江古城世界文化遗产的重要组成部分，束河仍是丽江之行回避不开的一处景点。

· 住宿

名称：丽江悦榕庄酒店

地址：束河悦榕路

起价房型：花园套房

价格：1460 元

星级：5 星

名称：丽江·观心设计师艺术客栈

地址：束河古镇拐柳巷 69 号

起价房型：大床房

价格：568 元

星级：民宿

丽江石鼓镇

古城周边

在丽江，总是感觉眼睛不够用，各种新奇的玩法也是层出不穷。在古城里待够了，只要稍微往城边走一走，就会发现与古城完全不同的另一番景致。玉龙雪山、白沙、玉湖等，下一节会专门介绍；虎跳峡，为丽江与迪庆共享，放在迪庆部分介绍。而拉市海、文海、文笔山、石鼓长江第一湾等处，或有山水胜迹，或是峡谷绝壁，或可骑马划船，或可赏花观鸟，也都是久居都市的现代人亲近山野自然、放松身心的好去处。

拉市海

位于丽江古城以西 10 千米处，是一个水草丰美的高原湖泊，也是重要的湿地自然保护区。看过古城古镇之后，想要体验山野之趣的游客多会选择来这儿划船、骑马。蓝天白云，湖光山色，草长莺飞，宛在画中。12 月到次年 3 月来，还能看到中华秋沙鸭、黑颈鹤、黑鹤、斑头雁等大批越冬的候鸟，拉市海也因此成为云南又一个著名的观鸟地。

• **提醒**

如果是自助游，划船、骑马之前一定要讲好线路和价格，以免发生纠纷。

文海

文海是拉市海自然保护区的组成部分，位于玉龙雪山主峰扇子陡西南麓，玉龙县白沙乡文海村境内，属于季节性很强的旅游景点。春夏时节为枯水期，湖水面积很小，湖边露出大片草原，繁花密布，牛羊成群。等到了秋冬季节，进入丰水期，可以见到玉龙雪山倒映在静谧的湖面，还有大批候鸟也在此栖息。无论是骑马、徒步，还是赏花观鸟、眺望雪山，只要选准季节，文海总有令你眼前一亮的风景。

文笔山

位于丽江城区西南 13 千米处，是环围丽江坝子众山中仅次于玉龙雪山的第二座大山，因形如巨笔直指云霄而得名。山中不仅植被茂密，还有名刹、静坐堂等宗教圣地，尤以建于清代的文峰寺最为知名。文峰寺是滇西北噶玛噶举派十三大藏传佛教寺院的最高学府。古时，行走在茶马古道上的马锅头在进出丽江时，都要来此膜拜。从古至今，更有众多当地民众前来祈求平安幸福。

石鼓

玉龙县石鼓镇距丽江古城约53千米，因镇内有一面汉白玉雕成的鼓状石碑而得名。但更多人是奔着“长江第一湾”来石鼓的。登高远眺，可以清楚地看到金沙江自西北方向而来，在此掉头往东北方向急转而去，甚是壮美。前人有诗云：“江流到此成逆转，奔入中原壮大观。”这一带山萦水绕，江流开阔平缓，江边柳林如带，如果不便登山，就在江边走走，也能看到不错的景致。

1936 年 4 月，中国工农红军第二方面军在贺龙、任弼时、肖克的率领下，由石鼓渡江，北上抗日。如今，这里建起了渡江纪念碑、红军长征过丽江纪念馆，并在木瓜寨、木取独、巨甸等主要渡口建树了纪念标志，成为重要的红色旅游经典景区。

在石鼓镇西，还有一座建于 1887 年的铁虹桥，曾是茶马古道的必经之地。桥的主体以铁链连缀，底部铁链上铺木板供人马行走，两侧也用铁链做护栏，古朴雅致，为石鼓一景。

丽江 · 长江第一湾

① 玉龙雪山 ② 蓝月谷

玉龙雪山

玉龙雪山，跟古城一样，是你到丽江之后，无论如何也回避不开的地方。当你一脚踏进丽江坝子，它皑皑的雪峰就会如影随形般一直陪伴着你。在丽江城里行走，猛一抬头看到它，欣喜之余，还会有一种很安心的感觉。

这座北半球离赤道最近的雪山，也是欧亚大陆纬度最低的一座有现代冰川分布的雪山，就矗立在大研古城北面 28 千米处。十三座海拔 5000 米以上的山峰由南向北纵向排列，又称“玉龙十三峰”。其中，主峰扇子陡最高处海拔达到 5596 米。

玉龙雪山以险、奇、美、秀著称，山间分布着数条冰川，还有冰塔林、高山雪域、原始森林、高山草甸等景观。随着时令和阴晴的变化，时而群峰耀眼，时而云蒸霞蔚，时而玉龙隐现……

如今，有三条索道可以将游客送到冰川公园、牦牛坪和云杉坪，然后再步行前往各景点。

甘海子

位于玉龙雪山东麓，是冰川湖干枯后形成的一片开阔的高山草甸。春夏之交，百花齐放，风景秀美。这里也是仰望玉龙雪山全貌的极佳处，可以看到玉龙雪山的十三座高峰依次排开，气势磅礴。

现在，这里还被开发成为玉龙雪山的游客集散中心。张艺谋导演的《印象·丽江》，也是在这里的露天剧场表演。而乘坐冰川公园索道、牦牛坪索道和云杉坪索道，或到白水河、蓝月谷的游客，都必须在此换乘景区的环保车。甘海子建有停车场，供游客停放自己的车辆。

冰川公园

位于玉龙雪山主峰扇子陡东北坡，是第四纪冰川形成的地貌遗迹，也是玉龙雪山现代冰川的典型代表。

在甘海子乘坐冰川公园索道上行约半小时，即可进入公园范围。索道沿途，还可以看到雪山植物的垂直分布，从草甸，到松林、杉树，再到灌木丛生和苔藓植物，最后只剩茫茫冰雪。明显的景物转换、强烈的冷暖差异，会使你兴奋不已。

云杉坪

位于玉龙雪山东麓，是原始云杉林中的一片草甸，春夏时节能看到碧草连天、山花烂漫的美丽景致。这里也可以近距离仰望玉龙雪山。

过去，不少纳西族青年男女会在爱情受阻时双双来到这里殉情，传说由此可以通往理想天国“玉龙第三国”。因此，云杉坪也笼罩着一层浪漫而又凄楚的面纱。来到这里，你会被纳西人对真爱的执着所感动，内心不禁涌起敬意。

牦牛坪

位于玉龙雪山景区北端，跟云杉坪类似，也是高山草甸风光，但海拔较云杉坪更高，地势也更为起伏，层次感更强。这里也是观赏玉龙雪山十三峰的又一个绝佳场所，尤其是日出日落时分，常有摄影爱好者在此蹲守拍摄。

白水河·蓝月谷

在甘海子与云杉坪之间有一条山谷，谷内林木森森，冰川雪原融水流入谷中，从白色石头铺就的河床上流过，亦呈白色，因此得名“白水河”。河的下游有一处蓝月谷，河水流淌到此被河堤围成4片较大的水面，天气晴好时会蓝得通透。

但是一定要注意区分，玉龙雪山脚下的这处蓝月谷，与石卡雪山蓝月山谷并不是同一个地方，蓝月山谷在迪庆的香格里拉境内。

·提醒

需要注意的是，玉龙雪山景区的温度通常会比城里低，尤其是冰川公园内，温度更低，一定要带上厚衣服，山上也有租羽绒服的地方。冰川公园索道上部站的海拔已经超过4500米，而游客可以步行到达的最高处海拔为4680米，有高血压、心脏病、重感冒的人，以及高原反应严重者，都不建议来此。其他游客即使已经进入玉龙雪山景区，也要量力而行，随时注意气温、海拔和身体的变化。

冰川公园上部站急救电话：13908881915
玉龙雪山景区急救电话：0888-5131999
玉龙雪山安全救援电话：0888-5131119

·实用

玉龙雪山旅游索道购票咨询电话：13988879009

大玉龙旅游区

玉龙雪山，自然与人文景观丰富而又独特。除了常规的坐索道进山，其实在玉龙雪山脚下，还环绕着许多有趣的景点。近些年来，当地政府对玉龙雪山周边景区进行整合，打造了大玉龙旅游区，除了玉龙雪山这个核心之外，还包括白沙壁画、玉柱擎天、玉峰寺，以及玉水寨、东巴谷、东巴万神园和东巴王国。其中，后四个都以东巴文化为主，如果对东巴文化不是特别感兴趣，挑一两个看看足矣。

大玉龙旅游区8个景点，联票为230元，含玉龙雪山进山门票，两日内有效。如果不想看其他景点，也可以单买玉龙雪山门票，目前为100元，索道票另购。

白沙壁画

白沙是大研古城西北约10千米处的一座古老村庄。这里是纳西族在丽江坝子的最初聚居地，也是丽江木氏土司的发祥地，是世界文化遗产丽江古城的重要组成部分。

到白沙，一定要看的是精美的白沙壁画。丽江现存的 50 余幅壁画，主要分布在白沙的大宝积宫、琉璃殿、大定阁和束河的大觉宫等处。据史料记载，以大宝积宫为代表的丽江壁画，是在明清 300 多年间陆续绘制完成的。其对各种宗教文化和艺术流派兼收并蓄，从而独树一帜。汉族、藏族、白族的画家，以及纳西东巴弟子、道教弟子都参与了壁画的绘制。为保护壁画，游客只可参观，不能拍照。

玉湖

这个位于玉龙雪山南麓、距丽江市区 18 千米的小村子，古朴而又宁静。从这里，上可通往玉龙雪山，下可俯瞰丽江坝子，既可饱览山光水色、探寻历史遗存，又可骑马、徒步，感受纳西文化。近百年前，美籍奥地利裔学者约瑟夫·洛克旅居丽江期间，就曾在玉湖村长住。他居住过的小院，如今建成了洛克旧居陈列馆。无数人循着洛克的足迹来到这里，让玉湖在游客心中的知名度不断攀升。

玉湖村内还有一处著名景点，是在约 30 米高的峭壁上竖刻着的“玉柱擎天”四字，这是清雍正年间丽江第一任流官知府杨翻题写的，虽经百年风雨，仍苍劲有力。加之与“改土归流”这一重要历史事

②

③

① 玉水寨 ② 丽江郊外 ③ 玉湖村

丽江

件有直接联系，更成为珍贵的文物古迹。

玉水寨

位于玉龙县白沙乡，背靠玉龙雪山南麓，距丽江古城 15 千米。玉水寨水源处，自古就是附近村民祭拜东巴教自然神的圣地。如今，景区内建有东巴壁画廊、东巴文物展厅、东巴古籍文献列入世界记忆遗产纪念碑等，向游客展示了纳西传统文化。

到玉水寨，一定要看水。神龙三叠水瀑布群是标志性景点，古树青山与瀑布清泉组成一幅“青龙泻玉”的自然美景，使整个玉水寨充满山水的灵气。瀑布边上，一块写有“丽江源”的石碑是游客经常拍照的地方，玉水寨中的清泉汩汩流出，成为丽江水系的重要源头。

东巴谷

位于丽江古城以北 15 千米处，是玉龙雪山脚下的一个自然生态大峡谷。景区内，既有峭壁悬崖、古树飞鸟等峡谷景观，也有原生态的少数民族院落。如今，具有民族特色的店铺也开了起来，还常有一些民俗和歌舞表演。

老君山

老君山是滇西北旅游的新宠，面积非常广阔，超过了 1000 平方千米，分属丽江的玉龙县、大理的剑川县、怒江的兰坪县和迪庆的维西县。其中，丽江境内部分由九十九龙潭、黎明丹霞地貌、格拉丹等片区组成，旅游开发相对较为成熟，知名度也更高。

黎明 · 千龟山

资深一点的驴友热衷于到老君山徒步、露营，探寻与世隔绝的原始丛林，四野无人，只有天地自然，可以静下心来与自己对话。普通游客当然也可以亲近这方秘境。近年来，到黎明乡看千龟山的丹霞风光，已经成为丽江旅游的常规线路。千万只红彤彤的“小龟”排列有序地“爬行”，蔚为壮观。九十九龙潭因为更不容易到达，加之处于浓密的原始森林包围中，而显得越发神秘梦幻。如果运气足够好，还可能在老君山中见到珍稀的滇金丝猴。

黎明·千龟山

玉龙县黎明乡境内，拥有我国面积最大、海拔最高的一片丹霞地貌，其中，以千龟山游客最多。山上，不少红色岩石表面风化之后呈现龟裂状，而且非常密集，形如千万只小龟排列有序地在爬行，蔚为壮观，堪称丹霞风光一绝。由于这些红色岩石比较细软，上到千龟山顶之后，需要脱鞋赤脚行走。

登顶的路途中，可以看到好似佛陀头颅又似天然灵芝的灵芝峰，还有两根紧紧相拥的石柱——情人柱等。如果你发挥想象，兴许还能发现更多有趣的象形景观。

九十九龙潭

距离丽江市区西南 120 千米，海拔 3800 米以上的山坳里，浓密的原始森林环抱着数十个湖泊、沼泽，被称为“九十九龙潭”。春末夏初，漫山遍野的杜鹃怒放，衬着清澈幽深的湖水，万紫千红，花香鸟语，犹如仙境。

格拉丹

这里拥有绝美的高山草甸景观，不少驴友将这里视为离天很近的世外桃源。你可以在这里安静地跟大自然亲密接触，看阳光洒满草原，看牛羊悠闲踱步。五六月间来，还有各种怒放的杜鹃花在等你。

但要享受这番美景却着实不容易。格拉丹距离千龟山约 24 千米，但山路险峻崎岖，没有公共交通到达。格拉丹草原上搭建的帐篷营地，号称中国第一家帐篷酒店，标间一晚的价格是 5000 多块，对于普通游客来说会吃不消。

宝山石头城

丽江东北部 126 千米外的金沙江河谷，玉龙县宝山乡境内，有一块独立的蘑菇状巨石，三面悬崖绝壁，一面石坡直插金沙江。石上有百余户纳西人家聚居，形成一个古老的村落。他们辟岩建屋，随岩就势，煮饭凿石灶、睡觉在石床、饮水有石缸、吃饭用石碗……古朴自然，奇绝无穷。

宝山石头城始建于宋末元初，纳西语称“刺伯鲁盘坞”，意为“宝山白石寨”。忽必烈南征大理国时，中路军乘羊皮革囊和筏子横渡金沙江，从宝山渡过来的元军就曾驻扎在这里。这也正是昆明大观楼长联中，“元跨革囊”典故的出处。据说，后来当地村民听说忽必烈是太子，就将蒙古大军翻过的北边的绝壁关山称为“太子关”。

今天的宝山石头城，仍然保有“一夫当关，万夫莫开”之势。城墙、古垛口、峰火台等古时防御体系还有部分保留。而城内的纳西民居鳞次栉比，石头街巷纵横交错，也基本保持着古朴的样貌。只是，过去常用的石灶、石床、石碗等器物，已逐渐被现代生活用具所取代。

周边山坡上，纳西人开垦出的梯田也颇为壮观，适合登高俯瞰。如果有兴趣，忽必烈革囊渡江遗址、克灵溶洞、滴血求子洞、太子关等周边景点，也可以顺道一游。

近年来，宝山石头城名气越来越大，不少人不远千里、历尽艰辛，也要来一睹它独特的风采。但过了玉龙雪山后，路况开始变差，要注意行车安全，尤其是雨季，最好就不要前往了。

泸沽湖

摩梭人、走婚、女儿国……是泸沽湖留给许多人神秘而有趣的印象。可是当你真正来到这里，了解了摩梭人的历史、风俗，感受到了摩梭人的热情友善之后，可能才会惊觉某些夸张的说法不过是吸引游客的噱头。但不管怎么说，那一泓青山环抱的清澈湖水，绝不会枉费你跋山涉水远道而来。

泸沽湖是云南九大高原湖泊中，至今仍保持一类水质的两个湖泊之一，湖水清亮得看不到一丝杂质。如果觉得站在观景

泸沽湖

泸沽湖

台眺望浩渺湖水并不过瘾，还有许多亲水的玩法。坐上人工划动的猪槽船泛舟湖上，或登上湖中小岛；晚上就住到临湖的村落里，枕着水声入眠，都深得游客喜爱。

泸沽湖位于云南、四川交界处，在西边的云南片区内，宾馆、饭店、民居接待户已达 200 家左右，洛水村和里格半岛是游客较为集中的地方。随着游客逐年增多，对泸沽湖区的自然生态和民族文化也带来不少影响。爱护环境，尊重少数民族的生产生活习惯，是前往泸沽湖旅游时必须树立的意识。

里务比岛

离洛水村不远，划船约 20 分钟便可到达，四面环水，绿树成荫。岛上有一座里务比寺，原为古喇嘛寺，如今看到的寺庙为 20 世纪末重建。寺内香烟袅袅，鼓乐念经声不绝。

黑瓦俄岛

也叫媳娃蛾岛，又称“土司岛”，位于湖区西部中心。岛上树木葱茏，百鸟翔集，远看好似海市蜃楼。昔日永宁土司总管阿云山的水上行宫就建在这座岛上。美籍奥地利裔学者约瑟夫·洛克也曾在此旅居，在他的《中国西南古纳西王国》一书中，洛克称赞这里“真是一个适合神仙居住的地方”。

里格半岛

在泸沽湖畔的众多景点中，里格名气极大。这个位于泸沽湖北侧、格姆女神山麓、三面环水的美丽半岛，青山相依，碧波万倾，尤其是晨雾缭绕时更显神秘。于是，网友之间流传着“去泸沽湖一定要去里格”的经验之谈。但也正因为游客频频造访，里格半岛上出现了大量的客栈、餐厅和酒吧，虽然几家临湖客栈的景色很美，但是商业化的气息日渐浓烈。

格姆女神山

又叫狮子山，是泸沽湖四周最高的山峰，也是摩梭人心中的神山。每年农历七月二十五日，摩梭人都要来此祭祀女神。山上的格姆女神洞，有着好看的钟乳石。站在洞口的观景台，可以将整个泸沽湖的湖光山色尽收眼底。

后龙山

揳入泸沽湖心的一个长岛，逶迤 4 千米。沿后龙山脊的转山古道观光，左看草海，右看亮海，景观丰富。“上山看海，下海看山”，兼得观山看海之妙。

鸟觉山·祭神台

位于女神湾附近，山上茂林中隐藏着摩梭人“转山”的古道。山顶的祭神台，是俯瞰泸沽湖区的绝佳处。翻越山脊，经博凹湖湾，到洛洼，是观山看水的黄金线路。

草海·走婚桥

草海位于泸沽湖东南水域，因芦苇茂密，好似草的海洋而得名。如今，游客到草海，一是可以体验乘船穿越芦苇丛的乐趣，另一个必到的景点是横跨在草海上的走婚桥。这座木桥是摩梭男女约会的地方，如今更是寄托着众多情侣对爱情的美好向往。

· 交通

2015 年 10 月 12 日，云南宁蒗泸沽湖机场正式通航，从昆明直飞泸沽湖仅需一个小时。泸沽湖机场海拔 3293 米，为云南第一高海拔机场。受此影响，直飞泸沽湖的航班通常需要减载飞行，导致机票价格常常居高不下。

· 住宿

名称：泸沽湖朴宿海景度假客栈
地址：宁蒗县蒗放村
起价房型：温馨庭院大床房
价格：832 元
星级：民宿

名称：泸沽湖·蜜悦·秘密花园客栈
地址：宁蒗县大落水小渔坝 26 号
起价房型：绿野山景星空大床房
价格：840 元
星级：民宿

13

迪庆

只需要“香格里拉”这四个字，迪庆就能吸引游客前来。普达措、梅里雪山、虎跳峡、雨崩……每一个名字都美得让人心心念念。仿佛触手可及的蓝天白云，如影随形的雪山草甸，漫山遍野的五彩花海，澄澈如镜的大小湖泊，炊烟袅袅的藏家房舍……每一个景象都是人们向往的诗和远方。

“昆大丽香”是云南最火爆的黄金旅游线，迪庆是这条线路的终点，更是高潮。地处“三江并流”的世界自然遗产腹地，多民族在此繁衍共生。

如果从丽江出发，经香格里拉到达德钦，再沿澜沧江南下维西，折往东边的塔城沿金沙江回到丽江，你会发现滇西北这一片广大区域自然景观、宗教信仰、民族文化的丰富多元，简直超出你的想象。

春夏时节，草木葱茏，花枝妩媚，是一年中最旺盛的旅游季，络绎不绝的大巴车满载着游客来到这里。随着旅游业的兴起，游客纷至沓来，迪庆的许多地方也未能幸免地从“世外桃源”快速变成了喧嚣嘈杂的“大景区”。或许，避开熙攘的人群，往更深远处探寻，可以发现更多奇妙的风景。

香格里拉

丽江—香格里拉沿途

经由214国道从丽江进入香格里拉，是云南最火爆的“昆大丽香”黄金旅游线的最后一段。这是一条路况还算不错的交通要道，只是随着海拔的逐渐升高，需要让身体慢慢适应；同时也是景观大道，沿途雪山峡谷、草甸花海、藏族风情……车行一路，美景无数。

大名鼎鼎的虎跳峡就在这条路上。如果你是徒步爱好者，哈巴雪山山腰的高路徒步线会带给你壮阔的视觉冲击。即便只是下到峡谷中体验惊涛拍岸、声震十里的普通游客，也会觉得不虚此行。等回到公路边，就能搭上继续前往香格里拉的班车，非常方便。

如果你有更多一点的时间逗留，离开主路拐进原始丛林，千湖山和碧沽天池宛如世外桃源，正好觅得一份清静。

虎跳峡

金沙江奔流千里，到迪庆与丽江交界处突遇玉龙、哈巴两座雪山阻挡，江水一改往日的平静，咆哮奔涌，浊浪滔天，愣是在两座大山之间闯开一条狭路，由此也造就了传说中飞鸟都不敢回翔的虎跳峡。

整个虎跳峡景区由上、中、下虎跳三段组成。旅行团和普通背包客多只到上虎

虎跳峡

跳。这里江面相对开阔，江心有一块巨石，相传老虎可借助它在两岸之间跳跃往来。江边建有观景台和木栈道，游客可以近距离感受阵阵水雾扑面打来，江水如猛虎狂啸，震耳欲聋。

虎跳峡徒步线是一条“国际线路”，也是世界十大徒步线路之一，是勇敢者的天堂。尽管这条线路已比较成熟，难度也并不太大，但所有徒步都应谨记安全第一。

等穿越了山势最险峻、江水也最湍急的中虎跳，下虎跳就平缓多了。江水冲出了峡谷，在大具盆地空阔的平坝间流淌，浩浩荡荡，直奔远方。

• 最佳旅游时间

4 月、5 月、6 月、9 月、10 月，适合徒步虎跳峡。7 月和 8 月间是当地的雨季，虎跳峡中的江水观赏起来会显得更为湍急、气势磅礴，但最好不要徒步，雨中出行也要注意安全。同时，这段时间也处于暑假旅游旺季，游客集中，吃住行都应提早谋划。

• 住宿

观光客大多不会选择在虎跳峡住宿。但对于徒步虎跳峡的游客，这里推荐两个客栈，便于在中途休息和进餐。

名称：纳西雅阁
地址：桥头往中虎跳方向步行约一个半小时到两个小时处
电话：13087422492
起价房型：标间和大床房
价格：120 元
可提供一日三餐

名称：山白脸客栈
地址：下虎跳和中虎跳交界处
电话：13988756901
起价房型：普通标间
价格：80 元
可提供一日三餐

香格里拉

小中甸花海

沿 214 国道从丽江去往香格里拉途经小中甸时，5 月下旬到 6 月中旬可以看到杜鹃花绚烂成海。随后，各种小花相继绽放，一直到 9、10 月间狼毒花火红一片。许多游客会在路经此地时专门下车拍照，也有游客专程赶来赏花，或者拍写真和婚纱照。

千湖山

在过去很长一段时间里，小中甸乡团结村境内的这片高山湖泊群都深藏于原始林海深处，鲜有外人知道它们的存在。这些形态各异的湖泊以三碧海、大黑海为中心，散向四周，湖边被冷杉、云杉等原始森林环绕，湖水纯净，空气清新。每年 5、6 月份，可以观赏杜鹃花开满湖畔，9、10 月份则是层林尽染、五彩缤纷。

• **提醒**

在当地藏族群众眼中，湖水是圣洁的、不可亵渎的，游客千万不要在湖水里洗手、洗脚，或乱扔杂物。传说也不能大声喧哗，否则容易破坏气压等天然生态，即使是在晴天也会下起雨来。

碧沽天池

距离千湖山不远，小中甸乡联合村境

香格里拉

内的碧沽牧点，还有一个尚未开发的美丽湖泊。十余年前，电影《无极》曾在这里取景，因修建沙石道路、栈道及“海棠精舍”等导致生态环境遭到破坏，受到各方谴责。随着生态环境慢慢修复，如今湖水依然静谧清澈，湖边满是原始森林和杜鹃花，还有牧场和牛羊。为了这份久违的宁静，游玩时一定要注意保护生态环境。

• **提醒**

迪庆属于高海拔地区，行前应对自己的身体状况有客观的评估，身体不适或高原反应严重者，不建议前往。刚到迪庆，不宜剧烈运动，不宜饮酒，应多休息，多食蔬菜、水果。

香格里拉

香格里拉，如诗般的名字似乎天然就自带让人向往的基因。独克宗古城、噶丹·松赞林寺、纳帕海，还有草原、雪山、花海、飞瀑，都在它的环抱里。

香格里拉，又是迪庆的州府，是滇藏线上的繁华城市。白天看遍了美得不像人间的风景，晚上回到城里就有温热的烟火气和舒适的酒店。对于在高海拔地区旅行的人来说，吃好睡好是非常重要的事。

因为有相对便捷的交通食宿条件，可

独克宗古城

以以香格里拉为中心，合理地规划在整个迪庆的环线游。香格里拉就像一个温暖的驿站，照顾你游完美景，再送你继续前往德钦、维西，或进入四川、西藏。

香格里拉城区

「独克宗古城」

对于早年穿行在茶马古道上的马帮来说，独克宗算是进藏后相当妥帖的一个落脚点。在这个相传按照佛经中香巴拉理想国建造的“月光城”里，藏族人家温暖的木屋和喷香的酥油茶是每个风尘仆仆到此的旅人最温暖的慰藉。你现在仍能在起伏不平的石板路上看到深深浅浅的马蹄印，那正是当年的马帮给这里留下的信物。

独克宗古城位于香格里拉市区东南，建城距今已有 1300 多年。2014 年 1 月 11 日，一场大火让独克宗遭遇浩劫，古城核心保护区近五分之一的面积被烧毁。直到 2016 年 1 月 1 日，恢复重建后的独克宗古城才重新出现在世人眼前。五彩经幡之下，融汇了藏、白、纳西以及汉地建筑装饰风格的古老建筑，再次迎来四面八方的游客。

始建于清雍正年间的全国重点文物保护单位中心镇公堂，以及迪庆红军长征博物馆和迪庆州博物馆，分布在古城月光广场周边，未受火灾影响。广场西侧的龟山公园依山而建，登上山顶的朝阳楼，可以俯瞰古城全景，眺望不远处的新城。半山上有一个巨型纯铜镏金转经筒，号称世界上最大的转经筒，要多人一起才能转动。你可以跟着当地人顺时针转动它，据说转满三周，可以消灾祈福，吉祥如意。

• 住宿

名称：香格里拉大酒店
地址：香格里拉市建塘镇池慈卡 1 号
起价房型：豪华双床房
价格：933 元
星级：5 星

名称：香格里拉阿若康巴南索达庄园
地址：香格里拉市独克宗古城金龙街东廊 15 号
起价房型：豪华大床房
价格：978 元
星级：民宿

名称：诗莉莉泛蜜月·桑珠藏文化精品酒店
地址：香格里拉市建塘镇达拉廊 127 号
起价房型：钟情蜜月大床房
价格：598 元
星级：民宿

「噶丹·松赞林寺」

云南规模最大的藏传佛教寺院，也是川滇一带的黄教中心。1679 年兴建，五世达赖喇嘛亲赐名“噶丹·松赞林”。距香格里拉城区约 5 千米，依山就势，形如古堡，有“小布达拉宫”之称。

沿着台阶往上，可见八大康参、僧舍等建筑高矮错落，层层递进，簇拥拱卫着建于最高点的扎仓、吉康两大主寺。其中，

松赞林寺

主建筑扎仓，藏语意为僧院，是僧众学习经典、修研教义的地方。下层大殿宽敞恢宏，可同时容纳 1600 人默坐诵经。左右墙壁为藏经“万卷橱”，正殿前座供奉有五世达赖铜像。后殿供奉有宗喀巴、弥勒佛和七世达赖铜佛。

• **提醒**

噶丹·松赞林寺的建筑金碧辉煌，寺内荟萃了藏族宗教文化的精华，僧侣、信众和游客都很多。参观时一定要注意遵守宗教礼仪，在殿内不要用手指点佛像，不要戴帽子和墨镜，也不要拍照。

「坛城广场」

香巴拉时轮坛城位于香格里拉市区中心，是目前世界上规模最大、工艺最精的立体坛城。这是一幢 12 层的藏式建筑，内部供奉有全高 21 米的时轮金刚佛造像，还收藏有大量藏地文物和唐卡，是一个集中展示藏地文化的博物馆。2015 年 5 月 28 日，十一世班禅额尔德尼·确吉杰布亲临此地，赐名“香巴拉时轮坛城”，并为时轮金刚佛造像、时轮金刚立体坛城开光加持。

坛城门前的坛城广场，也是香格里拉最热闹的商业中心。与内地城市的广场舞不同，傍晚时分，当地藏族群众会在广场上跳锅庄舞，你也可以参与其中。

纳帕海—依拉草原

西线

「纳帕海—依拉草原」

纳帕海，汉语意为“森林背后的湖”，位于香格里拉城区西北方 6 千米处，与湖边的依拉草原连为一体。七八月份，丰沛的降水以及河流的灌溉，使依拉草原大量积水，形成季节性高山湖泊。蓝天白云倒映湖面，仿佛水天一色。秋冬以后，湖面缩小，露出大片大片的沼泽草甸，黑颈鹤、赤麻鸭、绿头鸭等飞来越冬，每年都会吸引大批摄影爱好者环湖观鸟。

色彩最斑斓的还是春季，绿草如茵，野花竞放，牛羊成群。湖边的雪山、森林投影在水中，牧民家升起袅袅炊烟。你可以骑马在草原上观光，但未经当地人允许，最好不要步行走入草原。

「蓝月山谷·石卡雪山」

相传，蓝月山谷是小说《消失的地平线》中描述的神秘而梦幻的香格里拉核心

普达措

所在。不管它是不是旅游的噱头，这里的石卡雪山千百年来一直被当地藏族群众看作守护香格里拉的神山。

整个景区距市区仅 7 千米，包括石卡雪山、亚拉青波高山牧场、灵犀湖、古金矿遗址、迷踪峡谷等景点。

如果选择索道游览，一般先到亚拉青波牧场。6 月到 8 月间，紫杜鹃、“酥油花”等相继盛放，还有藏民们在此放牧、生活。游览之后返回索道站，再乘索道上到山顶，虽然山顶海拔仅有 4500 米，却可一览梅里、玉龙、哈巴、碧罗等周边 8 座雪山。

如果觉得只坐索道不过瘾，可以选择从石卡山顶徒步到万亩杜鹃林，再一直走到藏族男女为爱情祈福的灵犀湖，然后徒步回亚拉青波牧场，乘坐索道下山，全程约需 6 个小时。好在山顶至灵犀湖有栈道，灵犀湖至亚拉青波牧场有电瓶车道，一路都有指引。

东南线

「天生桥」

香格里拉市区以东约 10 千米处，有一座自然形成的石灰岩桥，属都岗河穿桥而去，景致奇特。此处还有温泉涌出，于是人们建起池子，打造成了温泉景区。

「普达措国家公园」

普达措应该算是香格里拉最有名的景点，也是游客必到之处。它位于香格里拉市区以东 22 千米处，由碧塔海与属都湖两个片区组成。

进入普达措之后，需要换乘公园内的环保大巴车，第一站就是属都湖。湖面如镜，倒映着蓝天白云和周围葱葱郁郁的山林。湖畔是高原牧场，建有木栈道供游人赏景，走完约需 1 个小时。春夏季节，绿茵之上花开成海，还能看到悠闲的牛马。

从栈道终点继续乘车，会到达弥里塘草原，这也是一处高山牧场，风景秀丽。稍作停留，再去往碧塔海。沿着湖畔的木栈道步行约一个半小时就可以饱览它的美景，中途可能还会有小松鼠跟你亲密接触。

普达措

每年湖岸边杜鹃花盛开时，花瓣落入湖中，鱼儿前来吞食花瓣。由于杜鹃花含有微量毒素，鱼吃多了就会中毒，轻飘飘地浮在水面上，就会形成著名的“杜鹃醉鱼”景观。

「尼汝」

尼汝在香格里拉东北方向，距市区 75 千米。许多人没听说过这个地方，但到过这里的人都将它称作“秘境中的秘境”，也有“世界第一村”的美名。这里拥有原始森林、牧场、瀑布、湖泊、冰川雪峰等多样的原生态美景，当地藏族群众至今过着日出而作、日落而息的惬意生活。近年来，尼汝开始逐渐为外界所知，并成为人们旅游、徒步的常去之地。

「白水台」

哈巴雪山下，香格里拉市三坝乡白地村。含碳酸氢钙的泉水慢慢下流，碳酸盐长年累月沉淀，形成好似层层梯田的泉华台地，面积约有 3 平方千米，这就是白水台，又被称为“仙人遗田”。

这里不仅是青山掩映中风景绝佳的旅游胜地，更是纳西族东巴教的发源地中心。每年农历二月初八，周边的藏、纳西、彝等少数民族群众都要来此祭祀，以歌舞娱神，民族风情十分浓郁。

「哈巴雪山」

哈巴雪山位于香格里拉东南部，最高峰海拔 5396 米，在丽江与香格里拉交界处的沿途许多地方都可以看到它。山顶终年积雪的主峰，时而清晰地傲立湛蓝的天空下，时而云雾缥缈又平添几分神秘。尤其是冬春时节，景色更胜。

哈巴雪山上部山势相对较为平缓，攀登难度不大，一两天时间足够往返，因此常有初级登山爱好者把这里作为练手的课堂。每年 11 月、12 月，是最佳的攀登季节，山下的哈巴村可以提供必要的食宿和补给。但如果没有做好包括攀登、救援等登山相关技能的万全准备，再容易攀登的雪山也不可贸然尝试。

• **最佳旅游时间**

5 月、6 月，从寒冷中苏醒过来的香格里拉绿意盎然，百花盛放，非常适宜旅行。其实，整个暑期都是香格里拉的旅游旺季。只是 7 月进入雨季之后，如果遇到大雨，就难以在户外尽兴地游玩了。

味道

青稞酒、酥油茶等藏式食物在香格里拉都能吃到。这里还是野生菌的重要产区，松茸、松露等都是人们餐桌上的美味。7 月到 9 月间来，可以大饱口福。但游客在郊外游览时，千万不要随意采摘野生菌，有的蘑菇会有毒。

◎被策划出来的“香格里拉”

如今人们已经非常熟悉的迪庆州香格里拉市，2002 年以前，它叫中甸。10 多年后的今天，在藏式风情浓郁的香格里拉市区，已经很难觅到“中甸”二字。这个曾经使用多年的县名，如今只存在于历史记录和当地人一时难以改口的话语里。

英国作家詹姆斯・希尔顿的小说《消失的地平线》描绘了一片隐藏在喜马拉雅雪山深处的“香格里拉”，但没有指明具体位置。凭什么说香格里拉就在迪庆？

一个叫孙炯的人也许最有资格回答这个问题。1996 年春，时年 27 岁的孙炯首次向时任迪庆州委书记格桑顿珠提出这个创意——把能让西方人无限遐想的香格里拉“策划”到迪庆来。

孙炯回忆，20 世纪 90 年代初，随着国家天然林保护工程的实施，主要依靠“木头财政”的迪庆州急需寻找替代产业，旅游业成为首选。迪庆有澄澈的湖水、圣洁的雪山、茂密的森林……景观固然美得惊人，却并非独一无二。加之当时迪庆相对落后，州府中甸县连一家酒店都没有，谁会大老远跑到这穷乡僻壤旅游呢？为了提高知名度，孙炯大胆地提出了他的设想。

没有人讳言“策划”二字。当地旅游部门的人也认为，“这个美丽的策划为迪庆发展旅游开拓了新思路”。

知名度也是生产力。“香格里拉”这个在当年的中国还算陌生的词汇，激发起一个经济落后地区渴求发展的巨大冲动。1996 年 10 月，在云南寻找香格里拉的考察启动了。1997 年 9 月，云南省政府在迪庆州府中甸县召开新闻发布会宣布：举世寻觅的世外桃源——香格里拉就在迪庆。其他地方还没缓过神来，迪庆就抢先一步，经国务院批准，2001 年 12 月 17 日，中甸县更名为香格里拉县，2002 年 5 月 5 日，举行了更名庆典。

争议和质疑随之而来。“与迪庆相邻的丽江市、怒江州，以及西藏、四川等省区都不服气。也有人说，香格里拉是虚拟的世界，怎么就能确定在一个实际的地方呢？”关注和研究香格里拉旅游现象多年的云南省社会科学院原副院长杨福泉说：“不管怎么争议，云南做到了，并且成功了。”

然而，纷至沓来的游客也让这座高原小城变得有些浮躁嘈杂。零团费、负团费问题依然存在，个别导游擅自更改行程、增加自费项目和购物次数，甚至强迫、纠缠游客购物，不然就辱骂、挖苦、刁难游客的情况时常被媒体曝光，尤其是散客拼团，更容易出问题。

面对大量涌入的人潮，当地旅游业的综合开发、配套和服务都还没有做好充分

香格里拉

准备。品牌是国际化了，但旅游服务离国际水准还有一段距离。

香格里拉—德钦

沿 214 国道从香格里拉到德钦，藏地风情会更加浓郁。雪山、花海、峡谷、森林、蓝天、白云，还有稀薄的空气……你对于“香格里拉”人间天堂的全部想象，都可以在这条路上找到直观的印证。可能更多游客只是为了一睹梅里雪山的英姿才会选择去往德钦，但如果你不那么赶时间，在自驾或包车途中稍作停留，这些沿途的风景都会是你美好的回忆。

高山植物园

这是我国第一个建在低纬度高海拔地区的植物园，收集展示有高山、亚高山植物约 900 种，2005 年正式对公众开放。它离纳帕海不远，坐在科普展示厅二层的落地窗前，可以换一个视角尽览湖光山色、花草烂漫。

尼西

黑陶和土鸡，让前往德钦的游客愿意选择在尼西停留片刻。香格里拉市区西北 35 千米的尼西乡，是国家级非物质文化遗产藏族黑陶的发源地，这里的村民们千百年来一直传承着古老的藏式制陶技艺。尼西乡汤堆村的制陶老工匠孙诺七林，是这项技艺的代表性传承人之一。越来越多的游客来到他家，看他和工匠们如何拍打揉捏手中的泥土，将它们制成一件件古朴精美的陶器。也别忘了品尝一下用当地黑陶锅炖煮的土鸡，地道纯香的乡土味常令都市游客惊诧不已。

巴拉格宗

位于尼西乡境内，与碧壤峡谷共同组成香格里拉大峡谷，有雪山、峡谷、冰川、河流、高原湖泊、原始森林等丰富的景观类型，以及绚丽多彩的藏民俗文化。景区面积很大，但目前仅开放了通天峡、香格里拉大峡谷、与世隔绝的巴拉村等几个景点。也有一些驴友会用好几天的时间徒步探险，美丽风景的背后是艰险的山路，普通游客最好不要轻易尝试。

奔子栏 · 金沙江大湾

奔子栏是德钦县东南部的一个镇子，曾是茶马古道必经之地。如今，来往香格里拉与德钦的班车或自驾游客也多选择在此用餐休整之后再继续上路。

奔子栏在金沙江边，出镇子往德钦方向不远，便能在江边看到江水绕着对岸四川得荣的日锥峰形成一个壮美的大弯，当地人称“金沙江大湾”。路边已经建起观景台，供游客赏景拍照，但收费 60 元且不能单独购票，而是以套票形式包含在梅里雪山国家公园门票中。如果不是奔着梅

奔子栏 · 金沙江大湾

里雪山去的游客，单看这一个景点会觉得很不值了。

噶丹 · 东竹林寺

继续往德钦方向，在永干顶东坡上，坐落着迪庆第二大藏传佛教寺庙噶丹·东竹林寺。它始建于 1667 年，比松赞林寺还要早，但现在大家看到的寺院为 1985 年移址重建。寺内有镀金弥勒法轮佛像、白度母像，以及大型唐卡等许多珍贵文物。

白马雪山

离开奔子栏，很快就会进入白马雪山国家级自然保护区。这是我国现有面积最大的以滇金丝猴及其栖息的冷杉林环境为主要保护对象的自然保护区，面积超过 2800 平方千米。但滇金丝猴生活在保护区的深处，开车经过时无法看见。白马雪山垭口处，耸立着巨大的玛尼堆，青灰森黑的石块和飘动的经幡见证着来往行人拜谒雪山的虔诚。

· 最佳旅游时间

夏秋两季，是游览白马雪山的最佳时节，冰雪消融，流水潺潺。夏季，漫山的杜鹃花开得炽烈；秋季，林海被秋色尽染，呈现出五光十色的斑斓图景。

· 提醒

冬季大雪过后，交通常会阻断，不能通行。出行前可以向白马雪山国家级自然保护区管理局或当地交通部门咨询。此外，白马雪山海拔较高，不建议有高原反应的游客前往，或需提前备好氧气瓶，注意防寒保暖。

雾浓顶观景台

又名十三白塔迎宾台，拥有拍摄梅里雪山全景的最佳视角。位于雾浓顶村，离开白马雪山垭口 23 千米，距德钦县城 8 千米处，以 13 座白塔为标志。站在雾浓顶远眺梅里雪山，视野宽广，景色丰富，大气磅礴。无论是日照金山，还是云绕峰间，怎么拍都是绝美照片。

• 住宿

名称：神川大酒店

地址：德钦县城温商市场附近

电话：0887-8418888

起价房型：豪华标间

价格：310 元

• 医院

德钦县人民医院

地址：德钦县升平镇南坪街 96 号

梅里雪山

不管用怎样华丽壮美的辞藻来描绘梅里雪山，可能都不为过。当它突然出现在你面前时，无论是朝阳慢慢将它晕染成金黄，还是雪白的山体就矗立在澄澈的蓝天下，你都只剩下了惊叹。

曾经以为梅里雪山特别遥不可及，但如果你已经到了德钦，那它就真的近在眼前了。出德钦县城 10 千米，就能远远地看到它。它是藏族人民心中的神山之一，也是云南最壮观的雪山山群，主峰卡瓦格博海拔 6740 米，是云南的第一高峰。

它以巍峨圣洁给人震撼，也以神秘莫测闻名于世。过去，曾有多支登山队尝试攀登，均未能登顶。即使普通游客，也不是每个人都能亲眼目睹它的尊容。大家聊起梅里雪山，总会习惯性地互相问一句“你看到了吗”，由此更增添了几分神秘感。

飞来寺

飞来寺位于德钦县城 8 千米处的滇藏公路沿线，但对于眼中只有梅里雪山的游客来说，飞来寺或许不是一座寺庙，而是特指那座观景台。离飞来寺不远的飞来寺观景台，是一览梅里雪山全景的理想之处，也是去往明永冰川和雨崩村的必经之地。为了方便人们早起观赏日照金山，观景台附近建起了许多酒店和客栈。

• 最佳旅游时间

10 月以后直到次年 5 月，进入观赏梅里雪山的好时节，尤以 11 月和 12 月最佳，再晚可能会碰到白马雪山大雪封山，游客难以抵达德钦。雨季，梅里会经常处于云遮雾绕中。

• 住宿

名称：梅里往事精品酒店

地址：飞来寺

电话：0887-8416617

起价房型：大床房

价格：448 元（暑期）

明永冰川

梅里雪山共有明永、斯农、纽巴和浓松四条大冰川，属于世界稀有的低纬度、低温度、低海拔现代冰川。其中，最长最大的明永冰川就在主峰卡瓦格博下，如一条银色游龙，从高高的雪峰之巅一直蜿蜒到澜沧江边。

夏季，温度上升，冰川受热融化，常能见到巨大的冰体轰然崩塌，震耳欲聋。因此，观赏冰川时不要过于靠近冰体。

雨崩

位于梅里雪山脚下，抬眼就能看到雪峰，眼前还有原始森林和草甸花海，这已足够让人向往。因为没有公路，只能徒步或骑马，更让雨崩有了一种世外桃源的意味。

雨崩村位于德钦县云岭乡境内，分上雨崩和下雨崩。四周群山环绕，云雾中的村庄更像童话世界中的城堡，超然尘世。雨崩神瀑、五树同根、笑农大本营和冰湖等通常是游客必到的地方。如果去神瀑，必须做的是顺时针绕神瀑转 3 圈，让冰凉的水雾打湿衣裳。

梅里雪山星空

· 最佳旅游时间

春秋季节，可以在雨崩看到如画的美景，气候也比较舒适。尤其是秋季，天高气爽，色彩斑斓，如梦似幻。但雨季容易有泥石流和滑坡，冬季则较为寒冷，最好不要前往旅行。

· 交通

进入雨崩，有西当方向和尼农方向两条驿道，以西当驿道更为便捷，这也是绝大多数游客的选择。从德钦乘车到达西当，全程徒步进到雨崩需五六个小时，也可以选择部分或全程自费骑马。

· 住宿

名称：神瀑客栈

地址：下雨崩村

电话：0887-8411082

起价房型：普通标间

价格：150 元

茨中教堂

德钦—维西—塔城

藏传佛教腹地，一座法国传教士于 20 世纪初所建造的天主教堂里，每个礼拜都会传出各族信徒的诵经声；高山峡谷中，傈僳族同胞的木楞房静静地趴在山坡上，飘出袅袅炊烟；纳西族的支系玛里玛萨人和藏族、回族、傈僳族、汉族、普米族等共同生活在塔城，一个民族的节庆就是全村乃至全镇的狂欢。而在不远处的密林里，“雪山精灵”滇金丝猴也有极大可能会在你的眼前跳跃、觅食。

有的游客看完梅里雪山，会选择原路返回香格里拉。而如果你时间宽裕又不想走回头路，那么沿着澜沧江一路往南，可以体验藏地更为多元和奇特的宗教和民族文化。

茨中教堂

德钦县燕门乡茨中村里的天主教堂，由一位法国传教士建于 20 世纪初，包括大门、前院、圣堂、后院等，建筑风格中西合璧，是当地的标志性建筑。每周都会有各族信教群众前来诵经、做弥撒。

味道

教堂周边有大片的葡萄园，栽种着一种名叫玫瑰蜜的法国葡萄，果实比常见的葡萄要小，口味甜中带酸。据说，这种葡萄在法国本土已经绝迹，没想到却在滇西北的深山里得以保存。当地百姓从传教士那里学会了葡萄栽种和酿酒技术，如今茨中酿造的葡萄酒是市面上的抢手货。

叶枝镇·同乐村

离开茨中教堂继续往南，进入维西县叶枝镇，可以看到王氏土司衙署。其融汇汉、藏、白等民族特色，但已经衰败不堪，部分经过修缮，对游客开放。

反倒是隐藏在叶枝镇高山峡谷中的傈僳族村寨同乐村，更有味道。傈僳族传统的木楞房依山而建，层层叠叠铺满山坡，邻里之间用树枝搭成简单的篱笆隔开，沿路都可以看到懒洋洋的小猫、小土狗、土鸡在打盹。村寨虽然朴素，却美得让人窒息。

·交通

坐班车的话，到同乐村路口下了之后还要徒步走好几千米才能到达。如果不想走，可以在叶枝镇包车前往。

维西县城

维西是全国唯一的傈僳族自治县，出产兰花，但县城里没有什么景点。食宿条件自然比周边乡镇要好一些，可以作为长途旅行的休憩点，在这儿吃饭、住宿。

塔城

许多人都希望能在野生状态下看到可爱的滇金丝猴，维西塔城或许可以满足你的这个心愿。

作为我国特有的珍稀濒危保护动物，也是世界自然保护联盟（IUCN）红色名录中的濒危物种，滇金丝猴与大熊猫一样被称为中国的“国宝”。它们有着和人酷似的脸庞，白里透红，还有厚厚的红唇。但它们的分布区域已非常狭窄，仅限于金沙江和澜沧江之间的狭小地带，现存种群数量约 3000 只。

在维西县的滇金丝猴国家公园里，上午护林员开始投食的时候，很有可能看到

塔城 · 滇金丝猴

滇金丝猴群从密林深处走出来。这种人为干预的方式，曾引来一些争议。但也有人觉得，这可以让人们更多地了解滇金丝猴，增强人们的保护意识。

· 最佳旅游时间

滇金丝猴国家公园一年四季都可游览，但春夏之交最佳。一天中最有可能看到猴群的时间是上午护林员投食时，但游客不要自己向猴群投食，并要保持适当距离。

· 交通

如果不是必须原路从维西返回德钦，维西县城东北方向62千米处的塔城正好是不走回头路的黄金站点。在这里看完滇金丝猴，可以沿金沙江北上回到香格里拉，或者南下到达丽江。

· 住宿

为了早起进入公园看到滇金丝猴，许多游客会头一天就赶到塔城住宿。公园内的专家接待中心是一个别墅式酒店（电话：0887-8756223），可以提供住宿，标间每晚380元。

◎玛里玛萨人

塔城是一个面积807平方千米、拥有1万多人口的小镇，生活着纳西族、藏族、回族、傈僳族、汉族、普米族等多个民族。其中，纳西族的支系玛里玛萨人，还不太为外界所知。

据当地人介绍，目前塔城镇境内同时使用着5种语言：汉语是塔城镇通用的语言，学校教育、机关文书全为汉字；境内各藏传佛教寺院内则通用藏语，老少僧侣皆习藏文；纳西族村寨请东巴“作法”时，使用东巴文，朗读东巴经；傈僳族山寨进行原始宗教祭拜活动的时候，用傈僳文记录；而玛里玛萨人之间则用自己的玛里玛萨语交流。

在玛里玛萨人中流传着这样的故事——传说在盘古开天辟地分语言那天，玛里玛萨人睡着了，语言都被其他民族分光了。玛里玛萨人只好向纳西族、藏族、傈僳族要了几句语言，所以玛里玛萨语里就包含着纳西、藏和傈僳3种语言成分。

由于各民族长期和睦共存，为交流的需要，当地人大多能讲两种以上的语言，且能在几种语言间转换自如，游刃有余。

在塔城，节庆和仪式活动之多也是其他地方少有的。当地勤劳热情的各族人民都不“排外”，互相尊重其他民族的风俗传统。在玛里玛萨村落里，藏传佛教、纳西族的东巴教与玛里玛萨人的原始宗教和谐共处：藏传佛教的经幡迎风飘扬，藏式白塔屹立村头，玛里玛萨人在玛尼堆前烧香祈福。纳西族的三朵节、彝族的火把节、傈僳族的阔时节等到来时，各民族也常常一起举行相关的活动。

14

怒江

怒江，可能是云南最难抵达的一个州市。迄今为止境内还没有开通一寸高速公路，国省道在雨季常常遭遇滑坡、塌方、泥石流，连找一块儿可以建机场的平地也颇费周折。

但怒江，也是许多人一生渴望探寻的秘境。地处世界自然遗产“三江并流”腹地，原生状态保存极为完好，多种珍稀野生动植物在这里生息繁衍。野性十足的怒江大峡谷、人神共居的丙中洛、剽牛祭天的独龙族、在山间教堂唱诗的傈僳族和怒族群众……这里的民族、文化、信仰之多元，常令人大感意外。

近些年来，关于怒江水电开发的争论一直在持续，未有定论。如果真有那么一天，赶在怒江的命运被改变之前，来看一眼它还是自然状态的样子，的确是件紧迫的事。

怒江

怒江大峡谷（六库—贡山段）

举世闻名的怒江大峡谷，夹峙于碧罗雪山和高黎贡山之下，北起西藏察隅县的察瓦龙，南至云南怒江州府六库，长300余千米，平均谷深在2000米以上，有“东方大峡谷”的美誉，峡谷长度和深度都远超美国的科罗拉多大峡谷。

如果你想看最原始古朴的大河峡谷，那就到这里来——站在滔滔怒江边，举目是雄浑的大山与天相接，眼见奔腾的怒江水冲破峭壁的封锁，闯过险滩的阻碍，翻腾激越，跌宕回旋，发出惊天动地的怒吼。身在尘世，难免各种烦杂缠身、勾心斗角。到了怒江，见天地有如此壮美而不言，意识到人之渺小，竟不觉心胸开阔、烦扰尽消。

如果你想看最神秘斑斓的民族文化，也要到这里来——赤脚踩踏火堆、攀上刀竿，惊心动魄的“上刀山下火海”，在这里真实上演；青年男女情投意合，调皮的小伙伴们事先在怒江畔的沙滩上挖出沙坑，再连抬带拖地将他们埋进去，“沙滩埋情人”寓意海誓山盟、约定终身；口贴紧、脸靠紧、腰搂紧，两个人同时喝一只杯中的酒，这是傈僳族同胞心目中圣洁的礼仪同心酒，“一点点就能醉你到天明”……

六库是从南边进入怒江大峡谷的起点，它是怒江州府泸水市所在的镇，但其名气似乎比泸水更大。它的食宿接待条件相对较好，是怒江之行不可回避的重要站点。从六库出发一路向北，沿途会经过怒江观景佳处老虎跳、时光停驻在三十多年前的“记忆之城”知子罗、可以远眺皇冠奇峰的老姆登、直径 40 余米酷似不落明月的石月亮等。峡谷风光、历史遗存与宗教民族文化相伴相生，细细游览品味，不禁沉醉其间。

老姆登教堂

登梗温泉

“天体浴”“男女共浴”，在游客中广为流传的说法，赋予“澡塘会”一种欲说还休的意味。现在，这样的情景已经很难见到，但在怒江边的天然温泉池里泡个澡，还是别有一番情调。

在怒江大峡谷，有不少天然温泉。距离州府六库 11 千米的登梗温泉，是怒江规模最大的澡塘会。每年农历大年初二到初六，居住在高山峡谷中的傈僳族同胞就会相约来到这里举行盛大的聚会。据说，温泉水可以赶走疲劳，预防疾病。而在泡澡之余，大家也凑在一起谈天说地，欢歌热舞，迎接新的一年。

如果你不是在澡堂会期间来，也没关系。因为温泉一直都在，你随时可以跳进自己中意的池子里好好泡个澡。而这一切，都是免费的。

• 提醒

在少数民族地区旅行，一定要尊重当地的民族习惯。对于澡塘会也是一样，不用看得过于神秘，也不必羞涩。但如果拍照，一定要征求意见。不过，既然赶上了这传统而又别致的盛会，不如除去衣衫，一同泡个澡，享受那份无拘无束、无牵无挂的放空感觉。

腊玛登（老虎跳）

六库以北约 50 千米，有一处峡谷，傈僳语称“腊玛登”，当地俗称老虎跳，传说曾有老虎踏着江中的巨石跳过怒江。

老虎跳一带，壁立千仞，峡谷风光奇美。怒江流经此处骤然收窄，两岸距离最窄处只有 10 米，江水湍急奔涌，不断撞击江中巨石，发出震耳欲聋的声响，甚是壮观。这里也因此成为过往游客驻足休息、拍摄怒江雄姿的理想之处。

老姆登

老姆登村位于福贡县匹河怒族乡东边，是怒江大峡谷沿线有名的特色旅游村。村中的老姆登教堂，为百余年前法国传教士所建。当地怒族同胞大多信奉基督教。如今，每周三、六晚和每周日早中晚，周边乡村的基督教信徒都会集中到这里做礼拜。教堂虽不华丽，但自然纯朴中反而更显出人们信仰的虔诚。

这里还是登高望远的好去处。村中建有观景台，既可俯瞰怒江在峡谷间流淌，也可以看到高黎贡山北段形似皇冠的皇冠山。尤其是清晨或傍晚，晨光暮色中，云雾缭绕，清风拂面，是观赏皇冠山的绝佳时间。

知子罗 · 八角楼

知子罗

每个闯进知子罗的人都会禁不住为眼前所见感到惊讶——墙面斑驳的八角楼前，闪着光芒的毛主席头像依稀可见；古旧的窗棂，红色的砖墙，还有随处可见的毛主席语录和红五角星；透过破损的窗户，还能看到许多废弃的房屋内没有搬走的家具，蒙上了厚厚的灰尘。

在傈僳语里，知子罗是“好地方”的意思。它曾是怒江州府和碧江县政府所在地，一度是怒江流域最热闹的城镇。1974 年，怒江州府迁到六库；1986 年，因为有专家指出，知子罗处在巨大的滑坡体上，出于安全考虑，有关部门决定撤销碧江县建制，于是，“碧江”这个县名消失了。

30 多年过去了，昔日热闹的知子罗早已人去楼空。时光仿佛在这里静止了，一切都保留着 20 世纪 80 年代的样貌。它就这样变成了一座记忆之城、怀旧之城。许多都市人千里迢迢来到知子罗，寻找逝去的童年记忆。很多剧组也把这里作为怀旧影视剧的取景地，毫不费力就拍出了 30 年前中国小县城的模样。

从六库沿怒江公路北上福贡，过匹河

石月亮

石月亮

“石月亮”是怒江大峡谷的标志性景点之一。在福贡县石月亮乡境内海拔3000多米的山巅，有一个直径40多米、由大理岩溶蚀而成的穿洞高悬于山林之中。由于好似一轮石头围成的月亮，当地傈僳族群众将它称为“亚哈巴”，意思是“石月亮”。

石月亮被群峰簇拥，周边山石峥嵘、峭拔危立、道路崎岖，气候多变、晴雨不定，想要登临，并不容易。在福贡前往贡山的路上，石月亮乡以南约7千米处有一个观月台，视野开阔。如果只想远观，可以在此停车。

乡后，再向前约两千米，转入右侧岔路，沿盘山公路而上，约16千米就可到达知子罗。途中，会经过著名的老姆登教堂。

飞来石

位于福贡县匹河怒族乡民族中学院内。据资料记载，1983年3月19日凌晨2点多，一声巨响，一块高约7米、直径10多米、重达数十吨、造型别致的巨石，正好落入匹河民族中学教职员工宿舍院中，没有人员受伤。后来，人们找遍了碧罗雪山和高黎贡山两岸，均未找到巨石滚落的痕迹。于是，巨石从天而降，就成为一个被当地人津津乐道的传说。如今，这里已经成为怒江之畔的著名景点。

亚坪

亚坪，位于怒江西岸高黎贡山，福贡县石月亮乡境内，毗邻缅甸，是一处尚未开发的原始秘境。

有人说，亚坪看似寂静，可一旦深入其中，才知生机盎然。这里是高黎贡山自然景观的标本模式地。在亚坪的山道上行走，一路雪山、湿地、竹海、草甸、森林、繁花，还有古朴山寨、奇峰怪石、溪涧流泉，尤其是几道好似从天而降的大瀑布，是秘境亚坪的标志性景观，真可谓风光无限。

亚坪通道蜿蜒盘绕在高黎贡山上，是清朝就已开辟的通往缅甸的古老驿道，至今仍是中缅商贸的主要商道，偶尔还能看到从缅甸运木材过来的大车。但路况不是很好，目前还没有公共交通通达，所以要么自驾，要么就需要在福贡县城包车。亚坪距福贡县城 54 千米，食宿条件也比较简陋，建议回到县城住宿。

• 最佳旅游时间

10 月、11 月，秋高气爽，树叶陆续变得五彩斑斓，怒江大峡谷迎来最美的时节。其实不同的季节会有不同的景致，只是 6 月到 9 月的雨季常会有滑坡、塌方、泥石流等危险情况出现，路上一定要小心。最好随身携带防晕车和蚊虫叮咬的药。

• 民俗节庆

怒江民族众多，节庆也是独特而丰富。

每年 12 月 20 日的阔时节，是傈僳族最隆重的传统节日，也是整个怒江州最盛大的节日。傈僳语“阔时”也就是“过新年”的意思，节日期间，会有赛歌对唱、打跳狂欢、上刀山下火海表演等活动。

溜索过怒江

每年农历二月初八，是傈僳族传统的刀竿节。人们将锋利的长刀绑扎在两根长竿上，以刀为梯，赤脚攀登。在头一天晚上，还要点起篝火，赤脚踩踏火堆。这就是怒江有名的“上刀山”“下火海”。它们原本是一种古老的祭祀活动，如今作为民间特技常常在盛大节日时进行表演。

玩法

这段路上，如果体格较好，不妨体验一次溜索过江。溜索是怒江两岸原始的交通工具。早年的溜索是竹篾编的，足有碗口粗；挂在溜索上滑动的溜把是木头削的。后来，溜索和溜把都换成了铁的，安全系数提高了，但依然非常惊险。

如今，随着“溜索改桥”项目的实施，怒江两岸正逐渐告别溜索出行。有的地方将溜索保留下来，让游客体验从怒江上空极速滑过的刺激。但想要尝试的话，必须视身体状况且在当地老乡的指导下进行，切不可莽撞。

味道

傈僳族盛宴“簸箕饭”，就是将煮熟的米饭、苞谷，配上猪肉、鸡肉、青菜等，都盛在竹篾编成的簸箕里，吃的时候以手代筷，从簸箕中抓取食物。这是当地一种

独龙江

神秘，是独龙江对旅游者最大的吸引力。

发源于西藏察隅县舒拉岭的独龙江，流淌在担当力卡山和高黎贡山之间。地处高黎贡山以西独龙江流域河谷地带的贡山县独龙江乡是云南的西北角，北接中国西藏，西与缅甸毗邻，是独龙族的唯一聚居地。被史书称为“太古之民”的独龙族世世代代居住在这里。

独龙族最早记录于元代的《一统志》，称“俅”。1952 年，根据民族意愿，定名为独龙族。他们用手工腰机织出像彩虹一样五彩斑斓的独龙毯；他们驯养体形彪悍而有野性的独龙牛；他们剽牛祭天，祈愿五谷丰登、人畜兴旺；独龙族女性曾有文面的习俗，如今在世的独龙族文面女已不到 30 人，有“独龙族活化石”之称……

前往独龙江的道路，曾经非常艰险，即使从贡山县城开车进来，90 多千米的路程，也至少需要半天的时间，沿途塌方、滑坡、滚石不断。在 2014 年以前，这里每年都有半年大雪封山，交通几乎完全断绝。因此，除了少数徒步探险爱好者和摄影发烧友之外，到过独龙江的普通游客少之又少。

由于区位偏僻、峡谷幽蔽、交通闭塞，这里长期与外界隔绝，于是保留下莽莽遮天蔽日的原始森林和清澈透亮的独龙江水。沿贡独公路，从贡山县城跨越高黎贡山一路行来，森林茂密，古树参天，神田、飞瀑交相辉映。运气好的话，还能碰到野牛等野生动物在林间、江畔休憩、活动。

独龙江神田

独龙江，“中国西南最后的秘境”，此言不虚！

• 特别提醒

2014 年，跨越高黎贡山的独龙江公路隧道贯通；2015 年年底，独龙江公路全线改建完工，行车条件大为改善，也不用再受季节限制，到独龙江旅游的人日益增多。当地旅游部门最新通报，独龙江旅游产业刚起步，基础设施差、旅游产品单一、接待能力弱。为实施独龙江整体提升工程，完成独龙江风情旅游小镇和4A级景区建设，独龙江景区从2017年10月1日起至2019年9月30日暂停对外开放。游客在这两年时间内不要前往独龙江，但附近的丙中洛等景区不受影响。

神田

贡山县城通往独龙江的公路旁，一条条山涧小溪从高山上流下，经过一个个低洼沼泽处，就形成了成百上千的“小湖泊”。尤其是在高黎贡山东侧和高黎贡山垭口下方，独龙江公路接近跨越高黎贡山垭口（顶端）数千米处，在山谷间层层叠叠的高山草甸间，竟有数个湖泊错落有致地排布，一丘一丘，形似水田，当地人称其为“神田”，甚是壮观。

需要提醒的是，想看到神田，必须翻越高黎贡山垭口。如果你走新开通的独龙江隧道，将会无缘这一美景。

哈滂瀑布

高约120米，宽约20米，位于钦朗当村，距离独龙江乡政府孔当村约50千米。

哈滂，意思是天上掉下来的有光泽的水。十五月圆之夜，月亮映照瀑布，银河细流，水声淙淙，格外迷人，所以，哈滂瀑布也叫月亮大瀑布。

瀑布往前几百米，就是中缅41号界碑，四周古木参天，可以在界碑旁留影。有意思的是，通往界碑的小道是在瀑布下面的石壁上开凿出来的，你可以从水帘洞中穿行而过。

普卡旺

普卡旺村距离乡政府孔当村仅有5千米，独龙江水穿村而过，云雾缭绕下，好似一幅山水画卷。

如今，普卡旺村已经建起宽阔的广场，一栋栋独具民族特色的小木屋可以作为旅游接待用的客房。当地引进酒店企业，统一设计、统一装修、统一经营。在这里，听着千年不变的涛声，抬眼可见雪山森林，仿佛置身人间仙境。

独龙族博物馆

位于独龙江乡孔当村，总建筑面积2000多平方米，主要展示关于独龙族古代历史、独龙族服饰与纺织技艺、独龙族宗教与节庆文化等内容的实物和重点文物。

迪政当

迪政当是独龙江乡北部的一个行政村，距离独龙江乡政府所在地孔当村约34千米，是近年来兴起的独龙江诸多徒步线路的起点之一。从这里出发，可以徒步到达丙中洛，或者西藏的日东、察瓦龙等地，行程一般需要5~7天，沿途会穿中洛。在这里，每一秒都能很阳光，节奏总是慢一点，田园生活非常舒服。

丙中洛位于贡山县最北部，怒江大峡谷的臂弯里。藏、傈僳、怒、独龙、汉、白、纳西等多民族在此和睦相处，藏传佛教、天主教、基督教等多种宗教在这里和谐共存。加之美景如画，丙中洛因此号称“人神共居”。

远远望去，海拔 5128 米的嘎娃嘎普雪山终年积雪，圣洁得犹如与世隔绝的冰川世界；走近一些，就能看到始建于清朝的藏传佛教普化寺经幡飘扬，与不远处的重丁教堂和睦共处；再近些观看，石板屋顶的木楞房错落有致地爬在山坡上，秋日里，被金黄的庄稼环绕，要是春日来，又是别样的桃红草绿；到得跟前打量，还有鸡、鸭、狗悠闲地在窄窄的乡村路上或踱步或打盹。车至丙中洛，就再也快不起来。

这里，田园诗画，民风淳朴。鸡都是放养，满山坡地跑，晚上就飞到树杈上睡觉。步行几个小时，穿过村子和原始森林，就能走进高山牧场，春天绿油油的一大片，开满了花，还有澄澈的湖……

这里，是茶马古道上的重要驿站，保留着目前世界上唯一还“活着”的茶马古道，通往藏东南地区的马帮队今天仍在古道上穿行。

等到夜幕降临，繁星满天，空气透凉。院子里点起篝火，带着浓浓烟熏味的酒煮鸡“峡啦”端了上来，你可以跟着村民们一起围着火塘喝酒、跳舞、欢唱。当地人说：“那是阿妈的火塘，有阿妈在，就有

丙中洛 · 茶马古道

热气。”

游完丙中洛出来，村口立着一块碑，上面大红色的字书写着：“如果美丽有颜色，你已经看到了。”

怒江第一湾

怒江滔滔，由北向南，流入丙中洛日丹村附近，受地势影响，形成U形弧状的怒江第一湾。湾上的台地三面环水，相对平坦，村民在上面耕种，大江、峡谷与田园风光交织在一起。怒江第一湾旁的高处，建有观景台，很容易观赏到这一标志性景观。

桃花岛

离怒江第一湾不远，还有一个形似的小湾,环抱着一个同样三面环水的小半岛。因为每年春天都有满山坡的桃花盛放，而被称作桃花岛。

石门关

石门关其实是一个峡口。两岸绝壁高耸，直插江中，好似一道巨大坚实的石门。怒江流经此处，好像被扼住了咽喉，想要夺路而出。奔腾的江水和险峻的峡谷，会让身处石门关的人不由得产生对大自然的敬畏。

普化寺

又叫喇嘛寺，属藏传佛教寺院，建于清朝，规模不大，但建筑还算古朴精美，近年来又新建了白塔。据说，从普化寺看石门关比在怒江边看更加奇险。

贡当神山

意为白色的狮子，是丙中洛若干神山之一。双象峰、仙女峰、仙人洞是主要景点。登上贡当神山远望，丙中洛坝子和怒江第一湾便可一览无余。

重丁

重丁村附近农家乐不少，因此成为游客较为集中的地方，网络红人丁大妈家就在重丁。村内最有名的是天主教堂，为法国传教士所建，已有近百年的历史，在公路上就能看到它高高耸立于一片低矮的民居中。

雾里

雾里是个宁静美丽的怒族村落。在去往秋那桶村途中的怒江对岸，可以看到山脚下一片相对开阔的缓坡上，传统的木楞房散落田野，春夏桃红草绿，秋冬薄雾渺渺，有些超脱于尘俗的味道。村旁的悬崖间，还留存有一段凿壁而成的茶马古道，至今仍在使用。

秋那桶

秋那桶村委会所在地叫尼大当，这里所说的秋那桶，是距尼大当约5千米的一

① 丙中洛 · 普化寺 ② 丙中洛 · 雾里村

个自然村。村庄环境优美，民居建筑具有明显的怒族特色，村中还有一座天主教堂，因此成为丙中洛旅游的新亮点。

那恰洛峡谷

从秋那桶再往前走，直至那恰洛一带，山体雄浑，层峦叠嶂，滔滔怒江水在绝壁下奔腾咆哮，异常湍急。这是怒江大峡谷中最为幽深神秘的一段，除了少数探险爱好者以外，鲜有游人踏足。穿过那恰洛峡谷继续北上，可以到达滇藏交界处。

• 民俗节庆

仙女节，又称“鲜花节”，每年农历三月十五日举行，是怒族的传统节日，主要流传于丙中洛的怒族聚居区。手捧鲜花的少男少女们要祭祀仙女洞，并迎接圣水。然后，还有唱歌跳舞、体育竞技等活动。

• 住宿

名称：怒瓦驿栈

地址：丙中洛桃花岛附近

电话：15626506090

起价房型：普通标间

价格：128 元

兰坪

兰坪，与大理毗邻，不在怒江大峡谷沿线，通常旅行者都不会将它列入怒江旅游的行程单。其实，兰坪的地理位置非常独特。它是怒江、澜沧江、金沙江“三江并流”的重要门户，被誉为“三江之门”，有四通八达的交通路网可以进入三江腹地，甚至可以全天候直通梅里雪山。如果你已经走过大理经鹤庆、丽江、香格里拉到德钦这条线，想要另辟蹊径，过境兰坪可以作为选项之一。

兰坪是普米族的主要聚居地，碧罗雪山在兰坪境内绵延 100 多千米。自然与人文景观绝佳的兰坪，还未进入太多游客的视野。

老窝山

勇敢的驴友们热衷于徒步穿越碧罗雪山，而普通游客同样有机会近距离欣赏它的壮美。兰坪境内的老窝山，是碧罗雪山中最美的一座。山中飞瀑密布，湖泊云集，被人们称作“万瀑千湖之山”。春夏时节，绿树繁花，秀色可餐。

罗古箐

是老君山的重要组成部分，有峡谷、高原牧场、丹霞地貌、石林、滴水岩等不同类型的自然景观。这里还是普米历史文化保存较为完整的地方。据文献记载，700 多年前，普米先民就已经落脚到了罗古箐一带。

· 民俗节庆

如今，在罗古箐村旁，有一处情人坝，是个被茂密森林簇拥着的带状草甸。每年农历五月初五，这里都会举行素有“东方情人节”之称的“普米情人节”活动，精彩的歌舞展演会吸引近万名周边村民及各地游客前来参加。

· 住宿

名称：锌都大酒店
地址：兰坪县苍江路，县医院旁
电话：0886-3215888
起价房型：普通标间
价格：148 元
星级：3 星

名称：千禧宾馆
地址：兰坪客运站对面
电话：0886-3215959
起价房型：单间
价格：128 元

· 实用

兰坪县文化和旅游局
咨询电话：0886-3211467

15

保山

腾冲是保山旅游最亮的金字招牌，人们到保山似乎只为腾冲而来。但许多人也没有忘记这里曾是滇西抗战的前线，龙陵的松山，每年都有大量游客前来祭奠。

高黎贡山脚下，怒江纵贯其间，保山的旅游资源得天独厚。走出特色已不鲜明的市区，去往腾冲、松山的路上都会经过一处叫潞江坝的地方，此前因民族风情浓郁、四季瓜果飘香而在滇西地区名气颇大。如今，这一带正被整合打造为高黎贡山旅游度假区，有高山有大江，有温泉有民俗，有古迹也有抗战遗址，可赏花可观鸟，大有再造一个腾冲的意思。

而保山，古名“永昌”，自古就是滇西重镇、西南丝绸之路要冲，如今更是整个滇西地区的交通枢纽。上通怒江，下达德宏，东进大理，出境前往缅甸，保山都是方便快捷的中转站。

腾冲

腾冲

腾冲，是云南最热门的新兴旅游目的地，没有之一。

腾冲的不可复制性在于，一个小小的县级市，汇聚了火山温泉、瀑布湿地、古村古镇、高黎贡山、滇西抗战、南方丝路、边境风情、翡翠珠宝等诸多元素，因此成为滇西南旅游不可回避的最重要的一站。

高黎贡山像母亲一样给了腾冲最安心的庇佑，即使这里还云集着九十多座火山，也没有让人感到忧惧。春天的油菜花，让和顺古镇返璞归真；深秋的银杏叶，则把江东变成了满眼金黄的摄影棚。

虽地处中缅边境，腾冲却像内地城市一样有着太多汉地文明的印迹。只是，昔日的史迪威公路、滇缅公路等滇西抗战遗迹，今日的侨乡和口岸，还有缅甸的翡翠，都会提醒你，这里是明代著名旅行家徐霞客笔下的“极边第一城”。

它的自然风光足够多元，历史人文特别厚重，现代生活中又到处弥漫着悠闲的气息——在腾冲待上三五天，你怎么玩都会觉得新奇有趣。

和顺古镇

和顺古镇

距腾冲市区仅4千米，属于必到的景点。因为与缅甸毗邻，腾冲人素有走夷方的传统。和顺古镇，保留下当年外出经商的和顺人衣锦还乡后建起的大量宅院和八大宗祠。这些建筑，以明清徽派式样为主，也能寻觅到南亚、东南亚风格的影子。当年，离家在外的和顺人体恤家眷在风吹日晒中洗衣操劳而建起的洗衣亭，至今还在使用；胡适题写馆名的和顺图书馆，如今仍对当地居民开放。龙潭旁，依山而建的元龙阁道观风光无限；不远处另一个坡顶上的艾思奇故居，有这位大哲学家的生平展览。

有人喜欢到古老的巷弄里走走，有人愿意就在沿水新建的和顺小巷看看。虽然随着游客的增多，商业气息越发浓烈，你明知它已经过粉饰，但仍然甘之如饴。不管怎样，溪流环绕、白墙黛瓦、文渊深厚的和顺，都是中国人理想中田园胜迹的模样。

绮罗

侨乡绮罗就在腾冲城区南郊，分上绮罗、中绮罗和下绮罗，水映寺、李虎变故居、文昌宫、李珍国故居、绮罗图书馆等古迹主要集中在下绮罗，但有的并未开放。

在许多当地人看来，绮罗可与和顺比肩。由于还没有太多的旅游开发，这里至今还保持着未经雕琢的自然状态。有游客慕名而来之后，觉得这种安安静静的古朴状态超出预期，也有游客觉得并没有多少看点。

国殇墓园

位于腾冲城西南边的叠水河畔、来凤山北麓，是为纪念抗日战争时期中国远征军第二十集团军攻克腾冲战斗中阵亡的将士而建的墓园，目前是中国规模最大、保存最完整的抗战时期正面战场阵亡将士纪念陵园。

国殇墓园建成于1945年，墓园大门为八字形古式门楼，门额镶有辛亥革命元老、爱国人士李根源先生所书“国殇墓园”四个大字，大门右侧挂有“滇西抗战纪念馆”的牌子。

主体建筑忠烈祠坐落在甬道尽头的高台上，台前正中刻“碧血千秋”四个大字，为蒋中正所题，李根源书写。祠内两侧墙体嵌阵亡将士题名碑石，共9618人。

① 国殇墓园 ② 北海湿地

忠烈祠后为圆锥形的小团坡，坡顶立有高 10 米的纪念塔。以塔为中心，辐射状地把坡体分为六个等份，密布着墓碑。墓碑上记录有阵亡将士的姓名和军衔，整个烈士冢共立墓碑 3346 块，其中包括战死的援华美军人员。站立其间，庄严震撼，内心不禁涌起对那段风云岁月的崇敬缅怀，和对先烈的无尽追思。

此外，在墓门一侧的角落里还筑有埋了四具日军尸骸的土坟，碑上刻有黑色“倭冢”二字，也是李根源手书。

叠水河瀑布

叠水河瀑布是全国唯一的城市火山瀑布，出国殇墓园左拐约 500 米即到。大盈江水流经此处，从 40 多米高的崖头跌下深潭，响声雷动，水花四溅，在阳光下常现出七色彩虹。

瀑布两边崖壁上排列着奇妙的柱状节理群，这是火山爆发时喷出的未露于地表的岩浆冷凝后形成的柱壮结晶，壁立千仞，恢宏壮观。瀑布上空架有一座太极石桥，为民国初年所建。

北海湿地

位于腾冲城北方 12.5 千米处，在打苴乡境内，是国家级湿地保护区。北海最奇特的是，水草密密麻麻，根交错在一起，形成整片整片的草甸浮在水面上，宛如一个一个小草岛，脱了鞋赤脚走上去，感觉像踩在海绵上一样。泛舟湖面，宛若置身大草原。

春夏时节，鲜花盛放，犹如五彩缤纷的巨型花毯。每年四月中下旬，湖面盛开紫色的鸢尾花，顺着栈桥走入湖心，更是美不胜收。秋天时草排颜色有些枯黄，但空气里飘着草叶的清香，芦苇丛中不时传来嘎嘎的野鸭叫，也是别有风情。

热海

位于腾冲城南 8 千米处，是中国著名的地热景区，较大的气泉、温泉群共有 80 余处。沿旅游步道行走在这处森林热谷，抬眼便可看到热泉在各处呼呼喷涌，蛤蟆嘴、珍珠泉、眼镜泉、怀胎井等地热景点，形态万千，云蒸雾罩，恍若仙境。

叠水河瀑布

而最壮观的“大滚锅”，直径 6 米，热泉翻滚，离老远就能闻到浓浓的硫黄味。旁边有人售卖用地热蒸熟的鸡蛋、花生，那味道，跟你用锅煮出来的，绝对不一样。

看罢景点，吃完美食，稍作休息，就可以进入汤池了。在这个天然的桑拿大浴室里，用滑润的温泉水洗去一路风尘和满身疲惫。

云峰山

位于腾冲西北 50 多千米处，山高谷深，峰腰常常云雾缭绕，因此得名“云峰山”。玉皇阁、三清阁、吕祖殿等建于山顶的岩石之上，飞檐凌空，别致奇险。过去，人们踩着一千多级陡峭险峻的“三折云梯”上到山顶，时常目眩心惊。现在已开通索道，便于游客上下参观。

江东银杏村

位于腾冲北部，距城区约 40 千米。全村种有 3 万余株银杏，其中 3000 多株是古银杏树，树龄 500 年以上的有 50 多株。深秋时节，沿着火山石铺成的小道慢慢走来，房前屋后，黄叶纷飞，满地金黄，如梦似幻。你可以挑一处相对安静的小院，坐下来喝杯香茶，来一份现炒的银杏果，与三五好友自在闲谈，何等悠然。

由于独特的地理气候，江东银杏村的黄叶期较长，每年 10 月下旬到 12 月中旬均可观赏摄影。从腾冲城区包车前往，费用在 100~150 元，也可在腾冲西北客运站坐到固东的中巴车。

江东银杏村与腾冲火山地质公园、柱状节理等景点相邻，许多游客将它们串连起来，形成一条新兴的旅游线路。

火山地质公园

腾冲拥有 90 多座火山，数量惊人，其中 22 座火山喷发口保存完好、观赏价值较高。腾冲火山地质公园建在腾冲城北 23 千米处的马站乡，主要景点包括大空山、小空山、黑空山、黑鱼河、柱状节理等。

大小黑空山最为著名，当年喷发时的痕迹得到较为完整的保留。你可以沿着火山石砌成的登山道登上山顶，顺着栈道绕火山口走一走，遥想当年火山喷发的壮观景象。海拔 2000 余米的大空山山顶东侧是景致最好的观景点。或者乘坐热气球、三角翼，从空中俯瞰原野和火山口，极目远望，视野辽阔，还能体验在广袤的火山熔岩台上飞翔的快感。

黑鱼河水流清澈见底，以河里有一种能爬上树产卵的小黑鱼而出名。虽然同属火山地质公园景区，但这里距“大小空山”等景点并不算近，建议包车前往。

热海大滚锅

猴桥

猴桥是腾冲西部的一个边境镇，与缅甸接壤，因著名的史迪威公路北线从这里入境中国，而为许多对滇西抗战这段历史感兴趣的人所向往。如今来到镇外的槟榔江边，还可以看到战时修建的铁桥遗址。清道光年间为防野匪入侵骚扰边境而设立的得胜碉，也是猴桥的一处重点文物，可顺道寻访。

• 最佳旅游时间

春季百花盛开，夏季多雨适宜避暑，秋季银杏金黄，冬季泡在暖暖的温泉中最是惬意。根据自己的兴趣来决定吧，腾冲一年四季都风姿绰约。

味道

大救驾是腾冲最出名的传统小吃。传说是当年曾让出逃于此、饥饿难耐的永历皇帝饱餐了一顿，“救了朕的大驾”而得名“大救驾”。其实就是炒饵块的一种。将饵块切成小片，与火腿、鸡蛋、肉、萝卜等一起放入锅中爆炒，色、香、味、形俱佳。

• 住宿

和顺

名称：腾冲和顺和堂真美全景度假客栈
地址：和顺镇水碓村委会上 1 小组 18 号
起价房型：美丽
价格：520 元
星级：民宿

名称：腾冲云山水精品全景客栈
地址：和顺镇张家坡张氏宗祠旁
起价房型：霁雪
价格：528 元
星级：民宿

腾冲城区

名称：腾冲世纪金源大饭店

地址：腾越镇世纪城福建路18号（西山坝）
起价房型：C楼标准间
价格：318元
星级：5星

名称：腾冲官房大酒店
地址：腾越路红星小区1号
起价房型：园景大床房
价格：580元
星级：5星

名称：云之尚主题酒店（腾冲凤山路店）
地址：腾冲凤山路与山西街路口
起价房型：米奇幻想主题双床间
价格：168元
星级：3星

• 交通

腾冲机场可以直飞北京、上海、重庆、成都、杭州、广州等多座城市。只是，腾冲旅游太过火爆，加之天气原因，航班常受影响，旅游旺季时常常一票难求。要来腾冲旅游，需早做准备。

如果没有买到直飞腾冲的机票，也可以考虑飞到保山、芒市、大理，再转汽车到达。

• 医院

腾冲市第一人民医院
电话：0875-5142713

隆阳

隆阳区为保山市区，历史上是我国通往印度、缅甸等国的南方丝绸之路必经之地。如今，城市特色已不是特别鲜明，但食宿条件相对较好，也是整个滇西南地区的交通枢纽，尤其是前往怒江的游客，如果想少些舟车劳顿，大多会选择飞到保山再转汽车。

隆阳区内，值得游客专门一看的景点不多。如果有闲暇，可以前往城西的太保山公园，森林覆盖率达90%，环境优美，空气清新；半山的玉皇阁，是始建于明代的道观，现为全国重点文物保护单位，免费开放。

隆阳区东北约10千米处的金鸡古镇，相传为秦相吕不韦后裔吕凯的故里。现保存有极具传统建筑风貌的民居、吕凯故里石表、吕公祠、金鸡寺、卧牛寺、金鸡古戏台等。保山所产的围棋子被称为“永子”，历史可追溯到五百多年前，工艺考究，质量上乘，价格不菲。永子棋厂就坐落在金鸡古镇，即使不买也可以免费参观。

离金鸡古镇不远，还有一个板桥古镇，隐约保存着一些马帮遗风，如果不赶时间，可以顺道参观。

但是对于见惯了古镇的游客而言，隆阳的这两处古镇都会显得姿色平平、索然无味。如果不是在隆阳长住或资深的“古镇收集者”，其实大可不必专程前往。

• 住宿

名称：保山官房大酒店
地址：保山市隆阳区上巷街 9 号
电话：0875–136999
起价房型：普通标间
价格：440 元左右

名称：日新大酒店
地址：隆阳区新客运站正对面
电话：0875–2226777
起价房型：普通标间
价格：180 元

• 医院

保山市人民医院
地址：保山市隆阳区永昌镇保岫西路 94 号

高黎贡山旅游度假区

除了腾冲以外，保山的旅游资源一直被低估。在云南省内颇有名气的潞江坝，在省外却一直没有什么知名度。

很少有人知道，这里就在美丽的高黎贡山东麓，壮观的怒江大峡谷南端。湍急咆哮的怒江奔流到此，“脾气”小了很多，生活在这里的人们因此给了它一个清秀的名字“潞江”。沿岸的潞江坝，是典型的亚热带干热河谷，热量丰富，日照充足，“头顶香蕉，脚踩菠萝，跌下去还能抓到一把花生”说尽了潞江坝的富足。

汉、傣、傈僳、德昂、彝、回等多民族兄弟姐妹，共同生活在这个美丽的坝子里，并且保持着各自的民族传统文化。傣族的象脚鼓舞、傣戏、泼水节，彝族的火把节、大钹舞，傈僳族的阔时节、刀杆节，德昂族的水鼓舞……各种民族歌舞、节庆、民俗，如果时节正好，你都可以一起体验。

适宜的气候和环境，成就了这里丰富的生物多样性和奇趣的生态景观。到热带作物大观园看 1000 多克的金煌芒，到丙闷村看榕树、芒果树、攀枝花树、凤尾竹等组成的榕树奇林，或者徒步高黎贡山看百花铺满山岭，即使你已经对亚热带景观并不陌生，它们依然能给你前所未有的新奇体验。近年来，到高黎贡山观鸟、与白眉长臂猿偶遇，更是为许多资深玩家所青睐。

这里，还是古道文化、土司文化、抗战文化、知青文化融合的地方。

此前，各处景点相对比较分散，2012 年成立高黎贡山旅游度假区，统一包装打造。在你乘车往返保山城区与龙陵、腾冲时，只要稍作停留，便可进入这方山奇坝绿水柔的美丽画卷。而想要把主要景点都看一遍，则至少需要一两天的时间。

芒旦民族风情园

位于曼海大桥西北 3.6 千米处六东公

路旁，交通便利。潞江镇上聚居着不少傣族群众，他们大多信奉小乘佛教，所以，白塔、奘房成为风情园的主要标志，周围还有大榕树、凤尾竹，以及成片的甘蔗林、香蕉林。每月初一、十五，周围村寨的善男信女们便会来此朝拜，祈求平安。最热闹的是每年的泼水节，人们欢聚在这里相互泼洒圣洁的清水以表祝福，其间还伴有民族歌舞表演。

热带作物大观园

如果你对热带作物感兴趣，可以到被誉为“热带作物大观园”的云南省农业科学院热带亚热带经济作物研究所看看。占地 1820 亩的园区内，生长着多种热带作物。在咖啡种质资源区，目前收集有国内外咖啡种质资源 40 份，包括小粒种、大粒种、中粒种咖啡种质资源。芒果种质资源区收集保存有芒果种质资源 30 余份，有形如鸡蛋的鸡蛋芒，还有单果重达 1000 多克的金煌芒。

赧浒白龙潭

赧浒寨是个傣族村寨，“赧”在傣语中即“水”的意思。大股的泉水翻涌着从“白龙洞”中涌出，汇成一泓水潭能照出人影，寨子里的傣族姑娘常在潭边追逐嬉戏，竹林环绕其间，这样的场景总会让人想起“桃花源”一类的美好意境。

如今，潭边有两座寺庙，一座较为简陋，供奉着一尊出自民间艺人之手的龙王塑像。另一座则初具规模，有围墙、院门、大殿。每年傣历 5 月和 11 月都会在此处“赶摆”。白龙潭的西北面叫象槽山，据说从前有野象出没，元代的石制象槽至今犹存，故名“象槽山”。

丙闷榕树奇林

潞江坝是榕树的世界，在傣、汉、傈僳等民族共居的丙闷村,就拥有榕树奇林、亚洲大榕树和母子偕游树等景观。

其中，榕树奇林是由大榕树、大芒果树、大攀枝花树、凤尾竹等组成的坝中森林，占地 30 亩。当地人把中间最大的榕树称为“发财树”，据说只要虔诚地触摸一下树干，就可以生意兴隆，财源广进；第二大的榕树被称为“治病树”，据说只要在树前祈祷，就可消除百病，幸福健康。

附近还有一棵 700 多岁的亚洲大榕树，树高 28 米，胸围也超过了 28 米，覆盖面积达到 4.8 亩。

滇西抗战纪念馆

潞江镇政府里有一个滇西抗战纪念馆。虽然规模不大，但一个乡镇能有这样的纪念馆，也并不多见。当年，潞江沦陷，百姓有的被活埋，有的遭日军奸淫杀戮。远征军收复失地，人民群众不分男女老幼奋力支援前线，德昂族王四蛮用反拳击毙

3 名持枪日兵，傈僳族杨文西用长刀智劈 7 名日兵，成为潞江人引以为豪的“孤胆英雄”……纪念馆以“巨大的损失，巨大的贡献”为主题，铭记滇西抗战那段惨烈而辉煌的历史。

惠人桥遗址

位于潞江东风桥上游两千米处，曾是南方丝绸之路西至腾冲、龙陵及南亚的主要桥梁之一。始建于清道光十年，桥长 140 米，其后 100 多年间，先后 6 次被毁，最末一次修复于中国远征军反攻日寇初期。1952 年保腾公路通车，改于下游东风桥过江，惠人桥从此废弃，现仅存 3 个桥墩和南关楼等遗迹。

双虹桥

横跨在波浪滔天的怒江之上，是南方丝绸古道上的重要驿站。始建于清乾隆五十四年，工匠们利用江心的巨形石礁为分墩，将桥分为两段架设。吊桥建好后，远看犹如两道彩虹悬于碧波之上。后历经多次毁坏和重建，现全桥总长 162 米，两端都建有关楼，中心的天然桥墩上还建有凉亭供人们乘凉小憩、观景听涛。

百花岭

位于高黎贡山东麓，拥有森林、温泉、瀑布、河流等生态景观。它像是高黎贡山的一个小小缩影，也是精华所在，近年来更成为背包客们热衷的高黎贡山徒步线路中的重要一站。

沿百花岭景区蜿蜒而上，就是著名的西南丝绸古道高黎贡山段。如今的古道上附满了苔藓腐叶，如果细心观察，还能依稀辨出百年前的马蹄印。这里植被丰富，森林茂密，仿佛一年四季都有千百种花儿竞相争艳，村寨掩映在百花丛中，一眼望去，似乎只有那百花点缀的山岭。

龙陵松山

龙陵是第二次世界大战滇西抗战的主战场。怒江西岸的松山，因扼守滇缅公路咽喉，而被称为“东方直布罗陀”。

龙陵松山

1942年日军侵占滇西后，在松山构筑了永久性立体防御阵地。1944年，松山战役打响，中国远征军苦战95天，以伤亡7000多人的代价，全歼守敌1200多人，战局随之逆转。

70多年过去了，当年战役的惨烈依然有迹可寻。沿着栈道穿行在松山上，即便是晴日也有一种挥之不去的阴森感。弹药崖口、交通壕、机枪掩体、暗堡等战场遗迹，都有老照片和明确的指示牌悬挂在树上。如果仔细查看，还能看到有的树干上密布着大大小小的弹孔。将日军地堡炸毁后留下的爆破落坑，更是触目惊心，因此矮了一截的山头也极为震撼。

“陆军第八军第一百零三师抗战阵亡将士公墓”静静伫立，墓碑前摆满菊花，这是后人对先烈们最深切的缅怀和致敬！

2013年，雕塑家李春华创作并捐赠的中国远征军雕塑群肃立在松山主峰子高地南侧，由402座单体雕塑组成，分将军、夏装士兵、秋装士兵、跪射兵、炮兵、战马等12种方阵。古树常青，老兵不死。

顺道一游

邦腊掌温泉

龙陵也是天然温泉分布较为集中的地方，其中以距离县城12千米的邦腊掌最负盛名，被誉为“神汤奇水”。泉区不仅有氡氟泉、碳酸泉和硫黄泉等多种温泉，还有蒸气冲天的“大滚锅”、时有时无的“间歇泉”、泉眼在河床上的“水中浴盆”等不同形态。每年冬春两季，前来旅游疗养的人们让这里人气更旺。

味道

大薄片是龙陵名菜。将猪耳、猪舌头等煮熟放凉后，切成薄如纸、大如掌的片，再配以佐料食用，对刀工极为讲究。肉脆嫩，皮筋韧，最适合下酒。

· 住宿

名称：龙运酒店

地址：龙陵县兴农路1号，县客运站斜对面

电话：0875-6120688

起价房型：普通标间

价格：120元

名称：龙信宾馆

地址：龙陵县龙山路51号

电话：0875-6125928

起价房型：普通标间

价格：80元

礼物

龙陵黄龙玉

黄龙玉又称黄蜡石，是一种具有独特品质的新玉种，硬度与翡翠相当，非常适合雕刻。自2004年在龙陵被发现以来，以其“黄如金、红如血、绿如翠、白如冰、乌如墨”的特性，迅速赢得许多珠宝爱好者的青睐，也成为龙陵最具魅力的旅游文化产品。在龙陵街头，有不少加工销售黄龙玉的店铺，以龙陵珠宝城最为集中。黄龙玉既可作为珠宝饰品、手玩件、摆件，也可以制作成印章、仿古礼器等。如果购买，一定要选择正规店铺。

• 医院

龙陵县人民医院

健康咨询热线：0875-6121018

施甸

一片荒草，一堵残墙，一方小院，一座祠堂，一次从北方草原到滇西小城的迁徙。

在保山市施甸县由旺镇木兰村，始建于明代的蒋氏宗祠正殿里供奉着辽太祖耶律阿保机的画像，大门对联书写有“耶律庭前千株树，莽蒋祠内一堂春”。村里人坚信，当地“阿、莽、蒋、杨、李、赵”姓人家多是“契丹后裔”。

说起契丹人，你的第一反应是不是《天龙八部》中的萧峰萧大侠？他生于辽国，长于大宋，实为契丹人，曾任江湖第一大帮丐帮帮主，可谓叱咤风云。

施甸长官司署衙

蒋氏宗祠

契丹是我国北方的古代民族，历史上的辽政权便是以契丹为主体所建立的。辽灭亡后，契丹人及其后裔流布各地，并与当地各民族融合，随后渐渐从历史上“消失”。

直到 1980 年，研究人员在滇西地区偶然发现了记有契丹世系谱的碑文，随后展开的系列调查发现，保山、德宏、大理等地均有“契丹后裔”分布，其中尤以保山市施甸县人数最多。

“现在整个施甸 30 多万人口中，10 多万人都有契丹血统。”施甸县第五十二代“契丹后裔”蒋启坤说，不少施甸人家里都保存有相对完好的家谱，一些墓碑上还发现了难懂的契丹文字,这些都可证明。

结合史志记载，专家考证认为，元军进攻云南时，军队中包括了契丹投诚军。“1284 年至 1285 年间，元朝在云南大理、保山等地设宣慰司（都元帅府），设治于今之保山，契丹后裔万户忙古带率军‘开金齿道’有功，升授‘都元帅’，其率领征战有功的战士也因此而落籍云南，驻军滇西，而永昌（今保山）金鸡村千户所内落籍的契丹军民则不少于 1000 军户。”

而今，在施甸县，蒋氏宗祠、长官司署衙、土主庙等跟契丹相关的历史遗迹仍保存完好，施甸也因此成为我国迄今唯一发现留存有契丹历史遗迹的地方。由于很少为外界所知，到此参观的游客不多。如果你对萧峰或者契丹这段历史感兴趣，不妨花上一天的时间来此寻幽问古。

施甸县城距离保山市区约 60 千米，每天都有多趟班车往返，交通比较方便。到了施甸县城，可以选择打车、租车前往各遗址点。这些遗址点都在城郊，访古的同时还可欣赏田园风光，会是比较悠闲而又有所收获的一趟旅程。

蒋氏宗祠

位于施甸县由旺镇木兰村，始建于明代，祠院呈南北进深，分前后两院。祠院东开门楼正面尖顶檐下刻有“耶律”二字，正殿里供奉着辽太祖耶律阿保机的画像。一扇古旧斑驳的木门上雕刻着破冰捕鱼的场景，当地老人们说，这明显是北方游牧民族的生活。宗祠的壁画里也有描绘契丹人起源传说的青牛白马图。

每年农历七月十五，在蒋氏宗祠都会举行祭祖仪式，附近的“契丹后裔”都派代表参加。舞龙舞狮、游抬阁、吃火烧猪，很是热闹。

由旺土主庙

由旺镇西 1 千米少保山腰上，有一座林荫环绕的古寺，当地人称“少保寺”，也叫土主庙，为祭祀南明时期施甸“本人”（契丹后裔）莽成龙而建。现存土主庙建于清光绪年间，院落由一殿、两厢、一厅组成，30 余幅壁画极富特色。

长官司署衙

明朝推翻元朝后，在澜沧江与怒江之间的区域设“长官司”分而治之。明洪武年间，在施甸设立长官司署衙，位于今县城北侧 3 千米处的甸阳镇大竹篷村，至今已有 600 多年的历史。清光绪年间，重建了长官司衙门和寺庙殿宇。

如今，长官司署衙原来升堂办公的下院翻修一新，成了村老年协会的活动场所；供生活起居的上院成了寺庙。

阿苏鲁墓

阿苏鲁又名阿干，明朝建立后带兵归附明朝，曾任施甸长官司长官，是施甸境内契丹后裔可考的祖先，明永乐二年（1404）病故，其墓位于长官司署衙东坡，立有“皇清待赠孝友和平一世祖讳阿苏鲁千秋之墓基”墓碑一通，碑上刻有意为“长官”的契丹小字，十分罕见。

善洲林场

善洲林场

施甸是党员干部楷模杨善洲的故乡。

自 1988 年从保山地委书记的岗位上退休后，杨善洲便回到家乡带领群众植树造林，用 22 年的时间使近 5.6 万亩荒山重披绿装。去世前，他将这片价值超过 3 亿元的大亮山林场无偿移交给了国家。为纪念杨善洲，人们将大亮山林场更名为“善洲林场”。

林场位于施甸县姚关镇、酒房乡、旧城乡交界处，距施甸县城 45 千米，有华山松、大树杜鹃、云南樱花、桫椤等多种林木。杨善洲上山初期落脚的简陋油毛毡房“老窝棚”，以及近年来修建的善洲小道、杨善洲事迹陈列室等都已对游客开放。善洲墓园也建在林场，常有人前来祭拜。

人大汗淋漓，浑身通透。

有人说，芒市是美食爱好者的天堂，也是减肥者的“地狱”。谁在乎呢？“宅”在这里，偷闲度日就好。

勐焕大金塔

芒市的标志性建筑，坐落在芒市东南部的雷牙让山顶，整座塔高 76 米，塔底基座直径 50 米，是亚洲最大的空心佛塔。在芒市城里抬头往南看，很容易就能找到它。

外地游客到芒市，登临大金塔，俯瞰芒市全景，似乎是必做的“功课”。但如果你早一点来，伴着清脆的鸟鸣，看晨光将金塔慢慢晕染，会有别样的神圣感。

如今，在勐焕大金塔对面的山头，又建起一座大银塔。二者遥相呼应，风景别致。

孔雀湖

位于芒市城东约 5 千米处，离大金塔不远，因历史上就是绿孔雀栖息地而得名。这里原本是人工水库，四周群山蜿蜒，热带雨林葱郁，鸟语花香，因此成为人们休闲观光的水上乐园。若赶上晨雾飘忽于群峰碧山与烟波水面之间，会有恍若仙境之感。

目前，孔雀湖有游船、垂钓等水上娱乐项目。景区内还建有环线公路，也很适合开车或骑自行车环湖游。

树包塔

芒市步行街中段，一棵数十米高的大树枝繁叶茂，包着一座 10 余米高的佛塔，成为芒市街头一景。

据史料记载，这座塔建于清代，是当地一位土司为纪念一场胜利的战争而建，

芒市

由砖石砌成，距今已有 200 多年的历史。不知何时，一颗榕树种子从塔身裂缝中长出，又伸出许多气根，慢慢形成了塔树相拥的绝景。如今，树冠覆盖面积近 1000 平方米，塔下香火缭绕，传承不息。

勐巴娜西珍奇园

勐巴娜西，傣语意为神奇、美丽、富饶的地方。位于芒市城东南的勐巴娜西珍奇园，就是一个神奇美丽的生态公园。

随意在园中走走，触目所及，或是绿茵葱茏的百年古榕，或是绚烂夺目的三角梅，或是与恐龙同时代的桫椤，还有鸟巢蕨、王冠蕨、一叶兰等奇花异草。这里还拥有数量众多的奇石、大型根雕艺术品，尤其是园内陈列的硅化木玉石,规格之高、精品之多，实属罕见。

黑河老坡

如果你想去城外走走，芒市城区东南约 50 千米外的黑河老坡，行车约两个小时便可到达。2.46 万亩的自然生态景区内，既有四季如茵、牛羊散落的高山草甸，也有雾气弥漫、好似梦中仙境的亚热带原始森林；既有山风呼啸、云海浩瀚，也有浅溪静淌、山花烂漫。你可以来这里徒步、露营，也可以只是随意走走，吹吹山风。与自然亲近，总会让人感到快乐。

但由于景区海拔较高、路况一般，建议自驾车前往，并备好雨具和干粮。

遮放

遮放镇距芒市城区 39 千米，与缅甸接壤，是傣族聚居区。这里土地平坦，水源丰饶，阳光充足，所产的“遮放贡米”历史上曾为进贡之物。如今，连片的水田依旧碧波万顷，置身其间，能感受到久违的田园之乐。

在遮放，你早已见惯的榕树也是千变万化、形态万千。在芒丙村的山上，数百棵百年古榕成行成排，遮天蔽日；在芒棒村，不仅有独树成林，还有古榕与温泉互相滋养形成的“遮放瑶池”奇景。奇在有一眼温泉位于一棵古榕树下，40℃左右的温泉水从榕树根下潺潺涌出，古榕树的生长不仅未受影响，根系反而越发粗壮，宽敞到竟能让人钻进树根盘绕形成的“榕树洞”中泡温泉。如此新奇有趣，竟是遮放人生活的日常，你不想来体验一下吗？

• 最佳旅游时间

一年四季皆适宜旅游，夏季虽然气温颇高，但也算不上酷热。每年 4 月的泼水节还会有歌舞狂欢。

• 民俗节庆

景颇族是德宏的主体民族之一，目瑙纵歌节是景颇族最隆重盛大的传统节日。德宏的芒市、瑞丽、陇川、盈江等许多地方都建有目瑙纵歌场，每年正月十五前后，景颇族群众便会汇聚到一起，敲锣打鼓，

瑞丽“一寨两国”景区

瑞丽—弄岛沿线

「边寨喊沙」

距离瑞丽城区约 7 千米，是个原汁原味的傣族村寨。喊沙奘房是瑞丽一带所有奘房中规模最大、最富丽堂皇的一座，浓缩了傣族建筑的精华。

喊沙还是瑞丽傣族孔雀舞的传承地。你可以走进国家级非物质文化遗产“孔雀舞”传承人的家，近距离感受最原生态的孔雀舞。

「一寨两国」

20 世纪 60 年代，瑞丽市姐相乡银井寨里立起中缅边境 71 号界碑，以竹棚、村道、水沟、土埂为界，将一个寨子分成两国。中方一侧叫银井，缅方一侧称芒秀。同住一个寨子里的两国居民，语言相通，习俗相同，和睦共处。中国的瓜藤爬到缅甸的竹篱上结瓜，缅甸的母鸡跑来中国村民院里下蛋，都成了常见的事。

这种“一寨两国”的独特景观，也成了对游客最大的吸引。因为没有屏障，可能跨过一条小沟就出国了。在村里中方一侧行走，你也可以见到缅甸布岛族妇女手工织布，还常能与身着“笼基”的缅甸商人擦肩而过。

寨子里有一架高高的秋千，就是最被当地人津津乐道的“一架秋千荡两国”。秋千立在国境线旁，咫尺之外就是缅甸民居。而穿过热带瓜果种植区，沿中缅胞波长堤徐徐行来，还有 7777 块缅甸翡翠镶嵌而成的玉石桥“一桥跨两国”；按仰光大金塔 5 ∶ 1 比例仿建的金塔熠熠生辉，中国银井和缅甸芒秀的村民均可膜拜，真是“一塔佑两国”……

“一寨两国”景点距离瑞丽市区约 10 千米，沿瑞丽至弄岛公路可以到达。

「大等喊」

距瑞丽市区 20 千米。村内保存有清乾隆年间修建的奘寺——大等喊奘房。傣族村民在竹楼前后种上果树、花草，户户果木成荫，垂藤缠篱，被誉为“农村天然公园”。

「弄岛淘宝场」

弄岛镇有一个叫淘宝场的地方，位于南姑河上，游客可以使用规定的工具淘宝，据说有机会淘到上游缅甸境内宝石矿场下来的宝石残渣。当然，并不是总能淘到宝

瑞丽姐告

贝，参与就好。此外，弄岛镇上，还有抗日战争时的雷允飞机厂遗址，有兴趣的话可以顺道看看。

瑞丽—畹町沿线

「姐勒金塔」

位于瑞丽市东北约 5 千米处，是瑞丽最古老的佛教建筑，在东南亚一带也享有盛名。由一座高大的主塔，以及周围环绕的 10 余座小塔组成，微风过处，铃声叮当。

「独树成林」

距离城区约 10 千米，姐勒乡的芒令寨旁，一大片“榕树林”郁郁葱葱，高耸挺拔。但其实，这只是一棵高大的榕树，垂下了许多气根，气根入土又长成粗干，看去犹如一片树林。

「莫里雨林」

沿着雾气弥漫的栈道行走，遮天蔽日的原始雨林给人的感觉是满眼皆绿。空气湿润而又清新，好似天然大氧吧。还有一道巨瀑从六七十米高的绝壁上倾泻而下，驻足瀑布前，溅起的水雾迎面扑来，让人顿感神清气爽。

「畹町」

畹町虽小，但名气很大。第二次世界

大战时，大批远征军从畹町桥进出中国，军援物资经由桥上运往内地，畹町因此名震一时。如今，畹町桥、滇缅公路旧迹，以及畹町边关文化园内的南洋机工纪念碑等，成为那段烽烟岁月的历史见证。

◎中缅边境一日游

瑞丽与缅甸接壤，胞波情长。许多来到瑞丽的游客，都对国门之外的缅甸充满兴趣。我们调研时，瑞丽的中缅边境一日游处于开放状态，游客可以从姐告口岸出境，前往缅甸的木姐、南坎旅游观光，上午出境，下午返回。

但散客暂时不能独自办理出入境的相关证件，须持身份证在瑞丽有资质的旅行社报名成团，由旅行社统一到出入境管理部门办理。一般第二天就可以办好。

瑞丽海外旅游公司是当地最大的旅行社，可以咨询办理边境一日游（电话：0692-4141888）。

畹町

· 住宿

名称：瑞丽玉瑞温泉花园酒店
地址：瑞丽市人民路 28 号，近姐告口岸经济特区
起价房型：花园别墅园景双床套房
价格：348 元
星级：4 星

名称：瑞丽景成地海温泉度假中心酒店
地址：瑞丽市瑞丽大道（320 国道）221 号
电话：0692-6999555
起价房型：普通标间
价格：608 元
星级：5 星

名称：瑞丽新世纪宾馆
地址：瑞丽卯喊路 38 号，彩云城对面
电话：0692-4146390
起价房型：普通标间
价格：150 元
星级：3 星

· 医院

瑞丽市人民医院

地址：瑞丽市人民路 17 号

盈江

盈江，是个安静又秀美的小城。大盈江纵贯全境，江畔凤尾竹轻柔美丽，芦苇丛浩浩荡荡，鱼鹰时而潜入水下时而跃出水面，各种禽鸟翩飞徜徉，田园诗画般的景致，像极了童年的记忆。

良好的自然生态，加上立体的气候和独特的地理环境，使盈江成为鸟类的天堂。目前，盈江已发现和记录的鸟类有 550 余种，占全国鸟类的 1/3 以上。观鸟拍鸟，正在成为盈江旅游的新亮点。

铜壁关自然保护区的洪崩河河谷，距县城约一个半小时的车程，有“中国犀鸟谷”之誉。这里栖息着的双角犀鸟、花冠皱盔犀鸟和冠斑犀鸟等，在中国其他地区已难觅踪迹。

在盈江，你还能看到世界上最大的啄木鸟——大灰啄木鸟，世界上最小的猛禽之一——红腿小隼，国家一级保护鸟类灰孔雀雉，二级保护鸟类黑鹇、白鹇等。除了铜壁关，洪崩河、大娘山等也都是观鸟拍鸟的好地方。即使不深入山林，就在大盈江畔的江滩上，也能看到黄嘴河燕鸥、

盈江 · 双角犀鸟

盈江傣族祖孙俩

梁河南甸土司衙门

· 住宿

名称：盈江边陲酒店

地址：盈江县密回路中段边陲翡翠城，近盈江客运站

起价房型：高级大床房

价格：178 元

星级：3 星

灰燕鸻等明星鸟种。

每年 5 月到 10 月是盈江的雨季，出行不便，且蚊虫较多。11 月到次年 4 月，则进入了观鸟的最佳时节。只要带上普通双筒望远镜，哪怕是普通游客，也能看到不少美丽的鸟。但野外观鸟，一定要注意安全，最好是有组织地结伴而行，也可以请个向导。鸟类易被惊扰，应尽量穿着暗色衣服，并关闭闪光灯。

盈江城外，很像千岛湖的凯邦亚湖，有近 500 年树龄、树冠覆盖面积达 12.3 亩的“榕树王”，也是游人常去的景点，可以与铜壁关观鸟一线规划。

如果你不想跑得太远，县城边允燕山上的允燕塔也非常值得一看。40 座小塔围绕着主塔组成的群塔，将佛教文化与傣族传统建筑式样融为一体，高低错落，主次分明，气势雄伟。

距离县城约 30 千米的新城乡，始建于清康熙年间的土司刀安仁故居，以及刀安仁墓，也是盈江的重要历史遗迹。

大盈江

梁河

梁河素有“葫芦丝之乡”的美称，但由于距离州府芒市有114千米之遥，专程前来会感觉有些不值。好在梁河往北可去腾冲，往西可去盈江，如果要设计滇西南环绕游，可以将梁河顺道列入。

梁河县城中，有南甸土司衙门和辛亥革命名将李根源故居可以参观。南甸土司衙门，也叫南甸土司司署，为全国重点文物保护单位。清咸丰元年（1851）建成，古代宫殿式建筑，由一进四堂五院和南北厢房、花园、戏楼等组成。如此宏大而又精美的建筑群在全国土司府中并不多见。

· 住宿

名称：梁河金塔温泉酒店

地址：梁河县遮岛镇滨河路89号（大金塔对面），近勐底路

起价房型：豪华标间

价格：368元

星级：5星

本书图片拍摄

昆明

P6：轿子雪山夏景（王梅）

P8：翠湖（王建中）

P10：圆通山樱花怒放（任东）

P16：远眺滇池“睡美人”（孔祥敏）

P17：斗南花市（杨峥）

昭通

P31：大山包・黑颈鹤（柴峻峰）

P32：大山包・鸡公山（柴峻峰）

P34：昭阳古城（柴峻峰）

P35：小草坝（柴峻峰）

P38：扎西会议纪念馆（柴峻峰）

曲靖

P40：金鸡峰丛（文萍）

P42：牛街螺丝田（文萍）

九龙瀑布群（文萍）

P43：布依族绣女（文萍）

P46：大海草山（刘国兴）

P48：陆良彩色沙林（向晓阳）

文山

P51：壮族姑娘（倪嘉云）

P52：普者黑（倪嘉云）

P54：广南八宝（任东）

玉溪

P58：抚仙湖・孤山（李发兴）

P59：牛虎铜案（郝亚鑫）

P63：红塔区・聂耳音乐广场（郝亚鑫）

红河

P67：元阳梯田・老虎嘴（卢维前）

P76：滇越铁路・屏边人字桥（田维星）

P77：建水朝阳楼（卢维前）

P78：朱家花园（卢维前）

燕子洞（卢维前）

P79：团山村（卢维前）

P80：彝族女子舞龙（何新文）

P81：石屏异龙湖（卢维前）

西双版纳

P86：景洪（姚璐）

P91：勐腊望天树景区（曾幼灵）

P98：南糯山（柴峻峰）

P100：磨憨口岸（何新文）

普洱

P102：普洱太阳河国家公园（万小军）

P106：澜沧景迈山（柴峻峰）

P109：孟连（刘伟雄）

临沧

P111：沧源“摸你黑”狂欢（李明）

P112：沧源翁丁（田润林）

P114：沧源崖画（谢航）

P116：临沧双江茶山（李明）

楚雄

P123：元谋土林（田润林）

P124：黑井古镇（冯海咏）

大理

P128：苍山及大理古城五华楼（张宗贤）

P131：大理古城（王冈）

P138：洱海及周边田园风光（李阳）

P140：蝴蝶泉（刘兆明）

P142：洱海·小普陀（曾幼灵）

P144：洱源西湖（杨峥）

P149：云龙“天然太极图”地貌（陈明松）

P153：甘露观音造像（刘杰）

P157：南涧无量山樱花谷（张北原）

P159：宾川鸡足山（陈昱州）

丽江

P164：丽江大研古城（袁博）

P166：丽江纳西族（石婧）

P171：丽江·长江第一湾（戴建峰）

P172：蓝月谷（杨韬）

P178：泸沽湖（倪嘉云）

P179：泸沽湖（倪嘉云）

迪庆

P183：虎跳峡（杨峥）

P188：纳帕海—依拉草原（曾志）

P196：梅里雪山星空（戴建峰）

P198：塔城·滇金丝猴（吴姗蕙）

怒江

P201：怒江（牛荣健）

P207：傈僳族“上刀山”表演（潘文海）

保山

P217：腾冲（何新文）

德宏

P231：芒市勐焕大金塔（姬东）

P232：芒市（朱边勇）

P234：傣族姑娘（朱边勇）

P239：盈江·双角犀鸟（朱边勇）

P240：大盈江（朱边勇）

除上述所列，其余图片均为胡洪江拍摄。

本书酒店信息由携程网提供，酒店价格实时变动，请以实际价格为准。